VERSION ABRÉGÉE - GRANDS CARACTÈRES

LA CUISINE SIMPLE

DR. PAUL CARTON

Ancien interne des hôpitaux de Paris (AP-HP)

ALICIA ÉDITIONS

TABLE DES MATIÈRES

1. L'ALIMENTATION SAINE EST LA CONDITION PRÉPONDÉRANTE DE LA BONNE SANTÉ ... 1
   - Le programme de la santé. ... 1
   - On est le reflet de ce que l'on mange. ... 3
   - La santé et la sécurité au foyer familial dépendent en grande partie de la surveillance du régime et de la cuisine. ... 6
   - Les erreurs de jugement en alimentation. ... 7
   - Les vertus de la bonne hygiène alimentaire. ... 8
   - Les idoles pharmaceutiques. ... 9
   - La santé parfaite est une œuvre de synthèse. ... 9

2. LES MAUVAIS ALIMENTS ... 11
   - L'alcool. ... 11
   - Les aliments cadavériques. ... 13
   - Les produits industriels et concentrés. ... 16
   - Les aliments trop riches. ... 17
   - Le lait consommé à l'état liquide. ... 19
   - Les acides forts. ... 20
   - Les légumes blancs. ... 25
   - Les mauvaises graisses. ... 26
   - La nourriture uniquement cuite. ... 27
   - Les primeurs. ... 27

3. LES BONS ALIMENTS 29
   Les œufs. 29
   Les laitages : lait, lait caillé, fromages,
   beurre, crème de lait. 32
   Les céréales. 33
   Les légumes farineux. 35
   Les légumes verts. 36
   Les champignons. 36
   Les fruits. 37
   Le miel et le chocolat. 38
   L'huile. 39
   Certains aliments fermentés. 39
   Les condiments doux. 40
   La meilleure boisson. 41

4. LA SYNTHÈSE ALIMENTAIRE 43
   Le budget organique. 43
   L'importance des aliments crus. Les
   vitamines 46
   L'alimentation est une voûte. 50
   La notion de synthèse alimentaire doit
   détrôner la théorie des calories. 52
   Menus non synthétiques et irrationnels. 55
   Menus synthétiques et rationnels. 61

5. LES DIFFÉRENTS RÉGIMES 66
   Le régime carné. 66
   Le régime végétarien. 67
   Le régime végétalien. 70
   Le régime fruitarien. 71

Le régime crudivore. 72
Le régime de suralimentation. 73

6. L'ADAPTATION ALIMENTAIRE 75
Les changements de régimes. 76
Les trois catégories d'appétits. 79
L'état de résistance physiologique des organes. 82
Classification des aliments. 84
L'âge et le sexe. 87
Les principaux écueils de la diététique infantile. 92
Les états physiologiques (grossesse, allaitement). 96
Les tempéraments. 98
Les années et les saisons. 98
Les climats. 102
Les états morbides. 103
États fébriles aigus. 105
Troubles gastro-hépatiques des arthritiques. 106
L'entérite aiguë et l'entérite chronique. 106
Le diabète. 109
L'albuminurie. 110
La goutte et le rhumatisme chronique. 111
La déminéralisation. 112
La tuberculose. 114
L'obésité. 115
L'amaigrissement. 115
Furonculose, anthrax. 116

L'eczéma rebelle	117
La constipation.	118

7. **LA CUISINE HYGIÉNIQUE ET ÉCONOMIQUE** — 121

Manger chez soi et savoir cuisiner soi-même.	121
La cuisine dangereuse et la cuisine utile.	122
Les modes de cuisson des aliments.	126
Savoir acheter.	130
Éviter le gaspillage.	133
Organisation et propreté.	134

CHAPITRE 1
L'ALIMENTATION SAINE EST LA CONDITION PRÉPONDÉRANTE DE LA BONNE SANTÉ

Le programme de la santé. — On est le reflet de ce que l'on mange. — La santé et la sécurité au foyer familial dépendent en grande partie de la surveillance du régime et de la cuisine. — Les erreurs de jugement en alimentation. — Les vertus de la bonne hygiène alimentaire. — Les idoles pharmaceutiques. — La santé parfaite est une œuvre de synthèse.

LE PROGRAMME DE LA SANTÉ.

La santé dépend de la façon dont on se plie aux lois naturelles qui règlent la vie de l'homme. Chaque catégorie d'êtres, en effet, ne se développe normalement qu'en trouvant certaines conditions de milieu et de nourriture bien déterminées. L'homme, qui est arrivé à améliorer une foule d'espèces végétales et animales, n'a pu obtenir ce résultat qu'en obéissant aux lois naturelles qui assurent la vitalité et la nutrition de ces espèces. Or, de même qu'il y a des procédés de culture spéciaux pour les végétaux (arbres fruitiers, légumes, céréales) et des modes de conduite précis pour l'élevage de chaque catégorie de bêtes (bœufs, lapins, volailles, abeilles, etc.), de même il existe des lois naturelles qui président au développement et au progrès de l'humanité.

C'est pourquoi la *santé* durable ne peut être que la récompense d'efforts de soumission permanente aux diverses conditions d'hygiène naturelle et d'alimentation physiologique qui entretiennent la vigueur des résistances organiques et des immunités naturelles chez l'homme.

L'ensemble des lois de la santé forme une synthèse, c'est-à-dire un groupement harmonieux de règles de conduite du corps, de la vitalité, de l'esprit et du tempérament individuel.

La *maladie* n'apparaît que comme conséquence de violations répétées et accumulées des lois de la vie humaine. Les infections elles-mêmes ne se déclarent qu'à la faveur des abaissements de résistance du terrain organique, car les microbes sont toujours présents autour de nous. Mais ils ne pullulent que sur les individus dont les humeurs viciées leur offrent un milieu de culture favorable. La viciation et l'intoxication des humeurs sont à la base de tous les états morbides, aigus et chroniques. La pureté et la vigueur du sang, des plasmas et des organes dépendent uniquement de la pureté des matériaux employés pour les constituer. C'est pourquoi il importe par-dessus tout, pour être bien portant, de suivre un régime pur et bien agencé, de respirer un air pur et ensoleillé, de prendre l'exercice physique nécessaire et d'éliminer régulièrement les déchets de la nutrition et les poisons du corps.

La *guérison* de toutes les maladies ne peut donc être obtenue et surtout maintenue qu'en recherchant les fautes de régime et d'hygiène commises jusqu'alors et qu'en établissant un programme de santé qui corrige les erreurs antérieures et qui adapte chaque malade aux meilleures conditions de vie de l'espèce et de son organisme individuel [1].

ON EST LE REFLET DE CE QUE L'ON MANGE.

Parmi les facteurs matériels de la santé, le plus important est celui qui concerne les apports alimentaires destinés à réparer les pertes chimiques et vitales des tissus. Si l'on mange trop ou si l'on ne mange pas assez, si l'on se nourrit d'aliments trop toxiques ou si l'on néglige de consommer certains produits indispensables, on finit par tomber malade ou par pléthore ou par dénutrition ou par intoxication ou par carence, mais toujours par cause alimentaire. Des désordres digestifs s'ensuivent d'abord (dyspepsie, dilatation d'estomac, congestion du foie, jaunisse, constipation, diarrhée, hémorroïdes), puis des troubles de l'état général et des émonctoires (migraines, faiblesse incitative, fièvre, état grippal, rhumes, angines, éruptions) qui préparent la venue des maladies déclarées. Donc, avant de subir les assauts d'une pneumonie ou d'une fièvre typhoïde ou d'une appendicite ou d'une scarlatine, etc., on reçoit d'abord des avertissements répétés du côté des voies digestives et de l'état général, qui devraient donner l'éveil sur l'imperfection de la conduite alimentaire et hygiénique et inciter à la corriger, plutôt que de combattre aveuglément les bienfaisants symptômes avertisseurs, à l'aide de médicaments qui ne font que masquer le mal, sans enlever ses causes.

À côté de cela, il peut arriver que des individus restent en état de santé et même parviennent à un âge très avancé tout en commettant les pires erreurs de régime alimentaire, de même que l'on peut observer des gens qui vivent vieux et sans grandes maladies tout en se livrant à l'ivrognerie, mais ce sont là des cas exceptionnels de résistance. Ils tiennent à ce qu'il s'agit presque toujours de personnes particulièrement robustes, issues d'une lignée campagnarde récente qui peut momentanément faire les frais du surmenage digestif. Toutefois, même en pareil cas, le mal accompli n'en porte pas moins ses mauvais fruits. Au lieu de frapper l'individu, qui débordait de résistance, il atteint sa race et il la fait décliner et dégénérer. À la deuxième génération apparaissent les manifestations d'arthritisme digestif et humoral que nous venons de signaler et à la troisième, les affections d'usure chronique accourent : insuffisances glandulaires et scléroses multiples (qui constituent l'essence de l'arthritisme invétéré), diabète, albuminurie, tuberculose, cancer, folie, idiotie. Et alors, une famille, solide au début, finit par s'éteindre dans la misère physiologique pour avoir, pendant deux ou trois générations, gaspillé ses réserves de vigueur, en abusant des boissons alcooliques ou encore des viandes, des poissons, des sucreries, de la cuisine forte, des aliments riches, des produits concentrés, dénaturés, frelatés et surexcitants.

Le caractère lui-même est à la merci du régime. L'alcool rend fou. L'abus des boissons fermentées, du café, du thé, du sucre, du tabac, agite et déséquilibre. La viande en excès rend brutal et passionné. Au contraire, la nourriture pure, douce et peu concentrée que fournit le régime végétarien favorise le rééquilibre mental et l'harmonie du caractère.

Le facteur alimentaire agit puissamment sur la mentalité des races humaines. Les peuples buveurs de bière, mangeurs de charcuterie et de condiments aigres sont lourds et brutaux. Les races latines buveuses de vin sont effervescentes. L'abus des fruits acides (oranges, citrons, tomates) et des condiments forts (ail, oignon, piment, vinaigre) crée des populations irritables et farouches (Espagne). Les hommes qui ne vivent que de poissons et de graisses (Esquimaux) sont adipeux et arriérés. Les peuples très carnivores sont envahissants et égoïstes. Les populations végétariennes (agriculteurs, Hindous) sont stables, pacifiques et de bon esprit. Les peuples modernes vivent agités et sont victimes de folies révolutionnaires et guerrières par suite de la progression insensée qui s'est accomplie depuis une centaine d'années dans la production et la consommation des aliments surexcitants : alcool, viande, sucre, thé, café, tabac. Si les hommes acceptaient de se nourrir, avec sagesse, d'aliments doux et purs, la bonne santé et la paix régneraient parmi les nations.

LA SANTÉ ET LA SÉCURITÉ AU FOYER FAMILIAL DÉPENDENT EN GRANDE PARTIE DE LA SURVEILLANCE DU RÉGIME ET DE LA CUISINE.

La discorde, les maladies, l'invalidité, la ruine s'installent au foyer des gens qui ne savent pas se nourrir correctement. Les ressources employées à acheter des denrées malsaines et coûteuses s'épuisent vite. Des mets toxiques, des boissons surexcitantes, des menus mal composés, une cuisine compliquée ou mal comprise engendrent l'angoisse et l'irritation nerveuses, l'intoxication et le déséquilibre des humeurs. Ensuite, c'est le fâcheux engrenage des jours de maladie, des incapacités de travail, les frais médicaux ou chirurgicaux, des intoxications pharmaceutiques, des souffrances incessantes, des récidives aggravées et de la mort prématurée.

Corrélativement, un malade ne peut retrouver la santé et refaire sa vie qu'en se constituant son propre directeur de régime et de cuisine, chez lui.

C'est dire qu'on ne guérit jamais en suivant le régime de tout le monde ou en persévérant dans ses errements alimentaires, ou en s'abandonnant aux régimes collectifs des hôtels, restaurants, maisons de santé où trônent habituellement les pires erreurs d'alimentation et l'art des sophistications culinaires.

Malheureux les gens qui sont à la merci de leurs serviteurs pour l'achat et l'apprêt culinaire de leurs aliments ! Heureux les simples qui connaissent la science du devoir alimentaire et qui savent cuisiner eux-mêmes leurs menus ! Ils peuvent se bien tirer d'affaire en toutes circonstances ou faire exécuter exactement ce qu'ils sont capables de réaliser d'abord eux-mêmes. Bénie la femme, prêtresse de son foyer, qui sait y faire régner l'ordre, la régularité, le régime synthétique, et la cuisine simple qui constituent les éléments fondamentaux de la santé des siens.

LES ERREURS DE JUGEMENT EN ALIMENTATION.

Les principaux vices alimentaires dérivent de l'ignorance, de la routine et de la gourmandise.

L'ignorance fait croire que plus on mange plus on

a de forces, que plus on s'épuise en surexcitation et plus on absorbe d'aliments forts, mieux on résiste à la fatigue et à la maladie, que les aliments apportent des forces sans en faire dépenser (en travail de digestion, d'assimilation et d'élimination), que les sujets faibles ou malades ne peuvent se remonter que par la suralimentation et les vins toniques.

La *routine* fait penser que le mieux est de se conformer au régime de tout le monde, que la santé est non pas le résultat de l'entraînement à la vertu alimentaire, mais la conséquence de l'endurcissement aux vices d'alimentation (absence de règles de régime ; bons vins et viandes saignantes).

La *gourmandise* fait se gaver sans rime ni raison et se jeter sur les mets les plus excitants et les plus riches.

LES VERTUS DE LA BONNE HYGIÈNE ALIMENTAIRE.

Se nourrir sainement, en sachant choisir les aliments utiles, composer des menus logiques et les cuisiner sans complication implique la réalisation des vertus primordiales d'ordre, de simplicité, de régularité et de discipline qui sont à la base de la santé matérielle et du progrès spirituel, car c'est en s'exerçant à la perfection sur les plus petites choses que l'on devient apte à triompher de difficultés importantes et à accomplir de grands progrès.

LES IDOLES PHARMACEUTIQUES.

Quand on est mal à l'aise ou quand on est tombé malade, il est enfantin de se figurer qu'il suffit d'évoquer les petits dieux de la chimie ou de l'opothérapie, de les acheter et de les absorber sous forme de pilules, cachets, potions, piqûres, pour être dispensé d'obéir aux lois naturelles et surnaturelles, pour échapper aux sanctions et aux purifications morbides et pour s'assurer l'impunité perpétuelle, sans réformer aucunement ses mauvaises habitudes.

Quand le mal menace ou s'est déclaré, il n'y a qu'une voie de salut : faire son examen de régime et d'hygiène, seul ou en s'aidant d'un avis éclairé, et réaliser le contraire de ce qui a entraîné le désordre organique. On acquiert ainsi la conviction que la pureté du régime, la sobriété et la bonne hygiène comptent plus pour la construction de la santé que les médicaments. On se rend compte que les aliments judicieusement choisis agissent comme autant de remèdes et que le régime sain constitue à la fois le meilleur préservatif et le traitement fondamental des maladies [2].

LA SANTÉ PARFAITE EST UNE ŒUVRE DE SYNTHÈSE.

La bonne direction du régime et de la cuisine, bien qu'essentielle, ne doit pas faire négliger les autres chapitres de vie saine : exercice, repos, hydrothérapie, bains d'air et de soleil [3], culture spirituelle. Les meilleurs soins matériels, en effet, ne peuvent donner pleine satisfaction que s'ils s'exercent de concert avec les autres obligations qui régissent la vitalité, le tempérament et l'esprit. C'est pourquoi, entre autres, la formation religieuse de l'esprit est indispensable pour faire accepter les contraintes, consentir les renoncements et faire comprendre les raisons de progrès spirituel qui se cachent derrière les soins très humbles et les sacrifices sensuels qu'exige la pratique du régime naturiste [4].

---

1. Voir : P. CARTON. — *L'Art médical. L'individualisation des règles de santé.*
2. Pour le détail de toutes ces questions, se reporter à : P. CARTON. — *Traité de Médecine, d'Alimentation et d'Hygiène Naturistes*, 2e édition ; et à l'*Art médical.*
3. Mais on se gardera bien des exagérations et des impudicités du nudisme, doctrine de dégradation morale, qui n'a rien à voir avec le sage naturisme, gréco-latin.
4. Lire à ce propos : P. CARTON. — *La Vie sage.* — *Bienheureux ceux qui souffrent.* — *Enseignements et traitements naturistes pratiques* ; Chapitre : le Sacrifice.

CHAPITRE 2
LES MAUVAIS ALIMENTS

L'alcool. — Les aliments cadavériques.— Les produits industriels et concentrés. — Les aliments trop riches. — Le lait consommé à l'état liquide. — Les acides forts.— Les légumes blancs. — Les mauvaises graisses.— La nourriture uniquement cuite. — Les primeurs.

L'ALCOOL.

L'alcool n'a jamais été un aliment. L'alcool est un surexcitant et un poison. Il stimule pour abattre davantage ensuite, il réchauffe pour refroidir davantage dans les heures qui suivent. C'est un produit industriel concentré et toxique que la nature n'a jamais offert à l'homme spontanément. Il a fallu, en effet, l'artifice de la distillation des fruits fermentés pour obtenir ce liquide irritant qui brûle les muqueuses, ravage l'estomac et le foie, sclérose les vaisseaux, épuise les sécrétions glandulaires et surmène le système nerveux.

L'alcoolisme est un fléau qui ruine individus, familles et nations, par les maladies de dégénérescence (folie, tuberculose, cancer, scléroses multiples) et les plaies sociales qu'il détermine (crimes, suicides, accidents, invalidités, misères, révoltes, frais de traitement et de répression). L'extension si grande de l'alcoolisme date surtout de la fabrication de l'alcool industriel retiré de la betterave et d'autres produits végétaux (bois, mélasses, etc.). La production de l'alcool de betterave qui ne dépassait pas 500 hectolitres par an, en France, de 1840 à 1850, s'est élevée à 1.600.000 hectolitres en 1912. Aussi la consommation de l'alcool a-t-elle presque doublé de 1850 (900.000 hectolitres) à 1911 (1. 574. 000 hectolitres). Les débitants de boissons qui étaient 281.000 en 1830 montent à 507.000 en 1912. Les bouilleurs de cru passent de 100.000 en 1860 à un million en 1910. Parallèlement à ces accroissements, on relève l'ascension alarmante des cas de suicide et de folie. Il y avait 10.000 fous dans les asiles en 1830, on en comptait 101.740 en 1913. En 1830, on notait 1789 suicides, en 1913 leur nombre est passé à 10.340.

Tout homme soucieux de sa dignité morale, de sa santé physique, de l'avenir de sa famille et de sa race ne doit jamais consommer une goutte d'alcool (cognac, calvados, marc, liqueurs, apéritifs variés, absinthe). Les athlètes qui brillent aux premiers rangs dans les compétitions internationales sont toujours des abstinents d'alcool et souvent même de boissons fermentées. Forts de leur expérience, ces hommes se sont rendu compte que l'alcool n'était pas une source de vigueur ni d'endurance, mais au contraire détruisait la force musculaire et la résistance nerveuse.

Aucune boisson apéritive, aucune liqueur de dessert, aucun alcool de table ne doivent donc se trouver en réserve au foyer familial. La femme, au système nerveux si sensible, doit encore bien moins que l'homme toucher à l'alcool, même sous la forme dite « liqueur de dames » (anisette, chartreuse, bénédictine, etc.).

Les boissons fermentées, elles-mêmes, ne sont ni hygiéniques ni anodines. Un homme qui boit un litre de vin, absorbe en réalité 200 gr. (un grand verre) d'eau-de-vie à 50 degrés, car le vin qui pèse 10 degrés contient 100 gr. d'alcool absolu à 100 degrés par litre, autrement dit, 200 gr. d'eau-de-vie à 50 degrés. Il n'est nullement nécessaire de boire du vin pour être fort et bien portant. La seule boisson hygiénique est l'eau pure.

LES ALIMENTS CADAVÉRIQUES.

Les tissus de cadavres animaux (viandes, poissons, coquillages, crustacés) comptent parmi les aliments les plus putrescibles et les plus intoxicants.

L'alimentation cadavérique est contraire à la nature humaine, c'est-à-dire à l'instinct, à la structure anatomique et à la physiologie de l'homme. Les grands naturalistes (de Buffon, Linné, Daubenton, Cuvier, Flourens, Milne-Edwards) ont tous proclamé que l'homme était à ranger, par ses caractères anatomiques (dents, mains, ongles, voies digestives), non pas dans la catégorie des carnivores, ni des herbivores, ni des omnivores, mais parmi les frugivores qui comme les singes se nourrissent principalement de fruits et de végétaux. L'instinct le confirme sans conteste. Les enfants maraudent des fruits dans les jardins, jamais il ne leur vient l'idée d'aller prendre un morceau de viande chez un boucher. Plus tard, que de gens se refuseraient à manger de la viande, s'ils devaient tuer eux-mêmes les bêtes dont ils se nourrissent. Il a fallu l'artifice de la cuisson et de la cuisine (rissolement, sauces, condiments) pour rendre possible à l'homme la mastication de morceaux de cadavres répugnants pour la vue, l'odorat et le goût.

En pratique médicale, les putréfactions intestinales, les irritations toxiques que provoquent la viande et le poisson ont été reconnues depuis longtemps. L'appendicite, l'entérite, l'hépatite, la néphrite, les scléroses vasculaires sont dues en majeure partie à la nourriture trop carnée que l'on consomme de nos jours. Aussi, n'est-il pas étonnant de voir que la grande restriction et même la suppression des viandes comptent parmi les meilleurs moyens de combattre ces diverses affections, ou encore de les empêcher de se déclarer, si l'on applique ces mesures préventivement. En outre, comme la plupart des animaux de boucherie sont tuberculeux ou parasités (ténias) ou même contiennent parfois de fortes doses de produits médicamenteux (qui ont servi à les soigner, avant que l'on se soit résigné à les abattre), on s'expose encore à d'autres risques d'intoxication ou d'infection, en consommant ces viandes rôties, encore saignantes.

Pour se bien porter, il n'est donc nullement nécessaire de manger de la viande à tous les repas, ni tous les jours. Les vigoureux paysans d'autrefois en prenaient fort peu et ne consommaient guère que des animaux de basse-cour. On peut même être robuste sans jamais user de viande. Des peuples entiers n'en mangent jamais (les Hindous, par exemple). Certains athlètes n'en consomment presque pas ou même pas du tout (Nurmi, Ladoumègue, entre autres). Les individus végétariens sont nombreux et souvent ils étonnent par leur résistance. L'arthritisme, avec sa conclusion si fréquente : la tuberculose, minent la plupart des organismes, depuis que l'usage de la viande s'est considérablement accru dans les milieux civilisés.

On ne saurait donc trop recommander la suppression radicale de la viande et du poisson dans les menus des repas du soir et leur restriction progressive à midi, pour aboutir à un régime carné très atténué ou même, si les circonstances s'y prêtent, au régime végétarien qui est certainement le plus sain. Économie et santé en seront la récompense.

LES PRODUITS INDUSTRIELS ET CONCENTRÉS.

Depuis que l'industrie s'est mise à composer, concentrer, dénaturer, frelater et conserver des produits alimentaires, on peut affirmer que le malheur de l'alimentation vicieuse s'est accru considérablement ; Tout ce qui fait la vie, la fraîcheur, la concentration modérée, la salubrité et l'harmonie alimentaires, l'industrie le détruit par les modifications de concentration, les adjonctions chimiques, les stérilisations qu'elle opère pour conserver les aliments ou les rendre plus attrayants. Les *extraits de viande*, les *confiseries et les sirops* faits au sucre industriel de betterave, ou au glucose, ou même à la saccharine, les *farines de spécialités*, les *aliments conservés* (viandes, sardines, légumes, etc.), les *spécialités végétariennes* qui simulent la viande (protose, nuttolène, etc.), les *aliments pharmaceutiques* (farines et pains phosphatés), les *produits traités chimiquement* (alun pour durcir, sulfate de cuivre pour reverdir, gélatine pour solidifier, chlore pour blanchir les farines), les *colorants chimiques* et les *parfums synthétiques* (aux noms chimiques si compliqués), les *antiseptiques* (borax, acide sulfureux), les *graisses chimiques* (caséine, margarine), le talc, etc., tous ces produits autorisés pour la fabrication industrielle des aliments et pour la confection des spécialités ne sont nullement inoffensifs et doivent être évités le plus qu'il sera possible.

Ne sont vraiment salubres que les aliments consommés frais, dans leur état naturel, et récoltés dans la contrée où l'on est, au moment où la nature les offre. Certes, il est plus simple de donner satisfaction à la fantaisie et au moindre effort, en ouvrant une boîte de conserves, au lieu de préparer un plat ; mais, que de grincements de dents, de frais supplémentaires et de surmenages harassants on se prépare quand les forces manqueront et quand on sera cloué au lit par la maladie ! Mieux vaut donc : se priver de confiseries et de bonbons ; n'utiliser le sucre d'épicier [1] qu'à dose très modérée et en mélanges culinaires ; lui préférer le miel pour les desserts ; ne jamais acheter d'aliments de conserve ou de spécialités ; se nourrir presque exclusivement d'aliments naturels, achetés chez le fruitier plutôt que chez l'épicier ou chez le pharmacien, ou mieux encore produits chez soi, dans son jardin et sa basse-cour.

LES ALIMENTS TROP RICHES.

Même parmi les aliments naturels, il en est de très riches dont on ne peut user sans raison, ni sans modération. Sont de ce nombre les *légumineuses en grains*, surtout secs, c'est-à-dire les fèves, les pois cassés, les pois chiches, les haricots, les lentilles. Ce sont des aliments forts qui doivent être réservés aux organismes robustes et aux sujets qui accomplissent de gros efforts physiques (travailleurs manuels). Les sujets faibles et les sédentaires ne peuvent transformer ni utiliser aisément ces matériaux concentrés. Leurs humeurs s'encrassent, leurs articulations se rouillent, leur sang s'épaissit et ils souffrent alors d'accidents congestifs, de fatigue hépatique et de rhumatismes déterminés par la surcharge et la trop forte concentration alimentaire, *le pain complet*, et même pour certains athritiques très fragiles *le pain bis*, donnent lieu aux mêmes inconvénients. Les *préparations culinaires trop concentrées* qui font ajouter trop d'œufs, trop de beurre et de sucre dans les plats ou les entremets sont également nocives.

On prendra donc soin d'espacer suffisamment les légumineuses dans les menus en hiver, de ne pas en consommer plus d'une ou deux fois par semaine en général, de préférer les lentilles (plus légères) aux haricots et même, d'en défendre l'usage presque complètement aux malades des voies digestives, aux arthritiques, aux entéritiques et aux rhumatisants, surtout au cours des années sèches.

Les *bouillons de légumes trop forts,* l'abus des *eaux de cuisson de légumes* en soupe, les *bouillons de céréales,* prônés à tort et à travers, déterminent aussi par leur trop grande richesse minérale des troubles de surminéralisation (fatigue digestive, congestion, rhumatisme) dont on ne soupçonne pas d'ordinaire la cause réelle. C'est pourquoi on préparera, pour les sujets prédisposés à l'arthritisme, des bouillons et des soupes de légumes, plutôt légers, et on n'utilisera les eaux de cuisson des légumes qu'en les étendant d'eau, pour les ramener à une concentration moins irritante et plus physiologique.

LE LAIT CONSOMMÉ À L'ÉTAT LIQUIDE.

Le lait est un aliment d'enfant. Dans la nature, il sert uniquement à la nourriture des petits des mammifères. Aussitôt sevrés, ils n'ont plus d'attirance que pour les aliments solides. L'homme primitif ignorait l'usage du lait animal. Et même, à l'heure actuelle, des peuples entiers (Chinois) ne connaissent guère l'emploi que du lait de femme.

Pour les malades, le lait est loin de constituer un remède guérit-tout. Ses avantages apparents, dans certains états morbides, aigus et chroniques, tiennent à la diète relative et au sevrage des aliments toxiques, opérés corrélativement. Un sujet privé de boissons alcooliques, de viandes, de poissons, etc., se trouve amélioré plus par ces restrictions que par le lait introduit en substitution.

Le lait, en effet, est un mauvais aliment d'adulte et, de plus, il ne doit jamais servir de boisson désaltérante, car il empâte la bouche, paralyse la sécrétion gastrique, constipe, anémie (absence de fer) et finalement intoxique. Son action purement négative se réduit à la mise au repos, puis en torpeur et enfin en encrassement et en carence.

Consommé à l'état liquide, sous forme de café au lait, chocolat au lait, soupe au lait ou en boisson aux repas ou entre les repas, il est néfaste à tous les dyspeptiques, aux entéritiques, aux malades atteints d'affections viscérales chroniques, de migraines, d'eczéma, etc. On ne se figure pas les améliorations considérables et souvent même les guérisons que la grosse réduction ou la suppression du lait, pris à l'état liquide, permet d'obtenir.

L'utilité du lait et sa tolérance, même par bien des gens qui à coup sûr le digèrent mal à l'état liquide, sont, au contraire, évidentes, quand on s'en sert, sans abus, à dose réduite dans la confection de certains plats ou entremets, adjoint à de l'œuf ou à des féculents (riz, farines, crèmes, gâteaux légers), ou encore modifié par le caillage spontané (lait caillé naturellement). Mais, il redevient lourd et mal supporté par les dyspeptiques, sous forme de fromage blanc double-crème (petit Suisse, Gervais).

LES ACIDES FORTS.

Le sang et les tissus du corps sont alcalins. La vie de nos plasmas ne peut se poursuivre qu'en milieu alcalin. Aussi, les acides introduits par les aliments doivent-ils être brûlés dans les voies digestives ou neutralisés dans le sang. Or, les capacités de transformation et d'utilisation des substances acides sont vite limitées chez les gens robustes qui abusent des produits acides et elles sont très déficientes chez les arthritiques, les anémiques, lés déminéralisés, les dyspeptiques, les entéritiques, les tuberculeux, etc. C'est pourquoi tout corps trop acide ou trop acidifiant introduit dans leur organisme détermine une spoliation minérale, qui entraîne une baisse des immunités naturelles et une prédisposition infectieuse. L'usage des acides décalcifie l'organisme comme une tranche de citron ronge le marbre sur lequel on a eu l'inadvertance de la laisser. Quand on veut faire maigrir un obèse ou libérer un rhumatisant chronique ou un goutteux, des encroûtements calciques qui entravent le jeu de leurs articulations, on les abreuve d'acides (cures de citrons, d'oranges, de viande qui acidifient le sang par viciation du métabolisme ; cure d'acides pharmaceutiques : méthode Guelpa). L'organisme pour neutraliser ces flots acides s'emprunte des sels alcalins à lui-même (sels de chaux des os, des dents, des tissus), les jette dans la circulation et les élimine sous forme de boue, graviers, calculs.

L'action malfaisante des acides forts (par incapacité de transformation et par dégradation minérale défensive de l'organisme) est presque complètement ignorée en médecine et en pratique culinaire (abus du citron et de la tomate dans les sauces et les entremets), Au contraire, on voit maintenant prôner les oranges, les tomates et les citrons pour alcaliniser les humeurs (sur la foi de chimistes ou de théoriciens de laboratoire) ou pour soi-disant vitaminer les enfants encore au sein. Les résultats de ces pratiques aveugles sont prodigieusement néfastes. La gourme, la conjonctivite, l'otite, l'eczéma, les coryzas et bronchites à répétition, les maladies infectieuses des voies respiratoires (rougeole, angine, laryngite, tuberculose), les caries dentaires, le nervosisme sont les aboutissements habituels de cette faute alimentaire si fréquente. On incrimine, en pareil cas, les contaminations microbiennes, sans réfléchir que le fléchissement du terrain compte plus que la présence des germes pour créer les infections.

Sont donc très nuisibles à la santé des arthritiques et des jeunes enfants les fruits et les légumes acides (citrons, oranges, groseilles à grappes, cerises aigres, fraises des bois, certaines poires et pommes acides, abricots secs et figues sèches en boîte ; l'oseille, le cresson, la tomate, la rhubarbe et le vinaigre d'épicier).

On devrait, dans les jardins, éviter de planter bordures d'oseille, groseilliers à grappes, cerisiers et pommiers à fruits acides, rhubarbe, tomates, car trop de gens sont incommodés par ces végétaux acidifiants. La tolérance à l'égard des acides forts ne se rencontre guère, en effet, que chez des sujets pléthoriques et très vigoureux, suralimentés et intoxiqués qui décapent ainsi le surcroît de leurs matériaux corporels et neutralisent en partie leurs excès, de cette façon et pour un certain temps. L'emploi rythmé et judicieux des acides chez des obèses, des diabétiques, des pléthoriques n'est légitimé en thérapeutique, que par ces mêmes raisons de décapage et d'accélération de la nutrition.

Signalons encore comme acidifiants les fruits pas mûrs, les fruits tombés, mangés nature ou utilisés en compote, les fruits verts, maraudes par les enfants dans les jardins, en été. La gourme, l'eczéma, les diarrhées, l'affaiblissement des forces, etc., sont déterminés à coup sûr par ces aliments acides, même cuits et sucrés. Il vaut mieux laisser pourrir à terre des fruits tombés à la suite de piqûres de vers ou de coups de vent que de les faire absorber en compotes et de rendre ainsi les gens malades. Il est préférable de « les voir se perdre », que de perdre la santé des siens. Pourtant, il faut en excepter les fruits d'été, tombés peu de temps avant l'époque où l'on doit normalement les cueillir. Ceux-ci peuvent être ramassés, mais on prendra soin de les mettre en réserve au fruitier, où ils achèveront leur maturation, avant d'être consommés.

Cette ignorance du danger des acides s'étale encore dans la plupart des ouvrages de diététique et dans les livres de cuisine végétarienne, où le citron est vanté comme supérieur au vinaigre (sur la foi des naturistes empiriques allemands) et la tomate prônée comme alcalinisante (sur la foi de chimistes non cliniciens ou d'hygiénistes en chambre). Depuis vingt-cinq ans, nous voyons dans les milieux végétariens, quantité de gens tomber entéritiques ou tuberculeux et présenter des troubles trophiques (éruptions, engelures, teint blafard, etc.) à cause de ces conseils faux, maintenus obstinément, malgré avertissements et exemples répétés de guérison par suppression des acides et par persistance dans le régime végétarien mieux agencé, bien synthétique et non carence qui, ainsi compris, reste vraiment le meilleur des régimes.

Enfin, il faut noter comme acidifiants indirects (par acides de métabolisme) la suralimentation, l'abus des viandes, des poissons, des corps gras, des sucreries.

Par contre, l'usage modéré du vinaigre de vin, fait chez soi, dans un tonnelet et avec une mère à vinaigre, fournit un condiment acide que la plupart des sujets sensibles aux autres acides forts et au vinaigre d'épicier tolèrent sans ennuis.

Signalons enfin que si l'on voit certains peuples ou certains individus abuser des aliments acides (fruits verts, vinaigre, pickles, choucroute, citron, etc.) sans en paraître autrement incommodés, c'est parce qu'ils consomment en même temps quantité d'aliments encrassants (excès de viandes ; graisses de tissus animaux ; viande de porc ; poissons). L'acide joue alors dans l'économie le rôle de décapant à l'égard des produits salissants et il nettoie les humeurs à la façon de la benzine employée pour enlever les taches de graisse d'un tissu. Mais, de tels procédés alimentaires à la fois salissants et décapants ne sont nullement recommandables Il rudoient les cellules, ils créent des mentalités impitoyables et ils ne sont tolérés que par des organismes rugueux.

LES LÉGUMES BLANCS.

Il existe toute une catégorie de légumes qui sont non seulement peu nourrissants, mais qui se montrent déminéralisants et affaiblissants, ce sont les légumes blancs suivants : salsifis, scorsonères, navets, topinambours, crosnes, panais, choux-navets, choux-fleurs, céleris-raves, raves, cœurs de salades liées, barbes-de-capucin. Qu'on s'en serve par hasard ou pour agrémenter ou condimenter certains plats (jardinière, pot-au-feu végétarien, cassoulet, ragoût des quatre-saisons), le mal n'est pas grand, mais l'usage de ces produits trop répété ou en plats isolés, est malsain, parce que anémiant. C'est doublement un mauvais calcul que d'acheter un chou-fleur, à la place d'une ou deux romaines, par exemple.

Cette particularité tient à ce que les sels minéraux n'existent guère que dans les parties vertes ou colorées (carotte) des végétaux et principalement exposées aux rayons du soleil qui seuls permettent les assimilations et les colorations de la substance chlorophyllienne.

Il faut ranger encore parmi les légumes blancs et les aliments anémiants les pommes de terre à chair blanche qui se délitent à la cuisson. Comme d'ordinaire ces pommes de terre sont à grand rendement, on les cultive beaucoup trop et elles abondent sur les marchés. C'est une perte pécuniaire indirecte et une source de déperdition des forces que d'acheter et de consommer des pommes de terre à chair blanche. Les meilleures pommes de terre sont celles à chair jaune (genre belle de Fontenay, Hollande et surtout la saucisse rouge).

Signalons encore comme déminéralisants les haricots-beurre à cosses jaunes.

LES MAUVAISES GRAISSES.

Les graisses sont des produits concentrés que la nature ne nous offre qu'à l'état de dilution harmonique dans le lait, les œufs, les fruits oléagineux (noix, noisettes, amandes, olives). Les graisses provenant de tissus animaux : saindoux, lard, graisse de veau, de cheval, restes de graisses de viande, que l'on emploie si souvent pour les préparations culinaires sont les plus difficiles à digérer et les plus intoxicantes. De même, les graisses trop raffinées et dévitalisées par l'industrie : les beurres de coco, la margarine, etc., se montrent déminéralisantes en clinique diététique. On n'en doit pas consommer.

Les seuls corps gras qui soient sains sont le beurre, la crème, l'huile d'olive et l'huile d'arachide dite : huile blanche. Les fritures doivent se faire à l'huile blanche. On ne devra pas abuser de la crème de lait, car c'est un aliment plus riche que le beurre. Les aliments trop chargés en corps gras, les mets nageant dans le beurre ou l'huile ou la crème de lait, l'abus des fritures, les entremets ou pâtisseries trop riches en beurre sont indigestes. On doit toujours employer les corps gras avec discrétion, même les meilleurs.

LA NOURRITURE UNIQUEMENT CUITE.

Les produits alimentaires privés de vitamines (aliments stérilisés, farines pharmaceutiques, aliments en boîte de conserve), les menus composés uniquement de plats archi-cuits ou réchauffés, l'usage de l'eau bouillie et la privation de tout aliment cru (salade et fruits crus) entraînent des troubles de nutrition par dévitalisation et carence de vitamines, qui favorisent l'apparition du rachitisme, de la neurasthénie, de la tuberculose et du scorbut.

LES PRIMEURS.

Depuis l'extension des moyens de communication rapide et des pratiques commerciales exagérées, l'alimentation dans les grands centres est une désharmonie perpétuelle. Les aliments végétaux y sont offerts à contre-saison ou d'une façon trop prématurée (deux mois environ avant leur apparition locale). Les consommateurs tentés se laissent aller à acheter fort cher des primeurs qui nourrissent mal et à contretemps. En effet, ces produits poussés artificiellement, sous vitre ou au loin dans un autre climat, sont mal appropriés, d'une part, aux conditions d'harmonie naturelle locale et, d'autre part, ils ont perdu en cours déroute une partie importante de leur saveur et de leurs propriétés vitalisantes. C'est pourquoi il importe tant, pour l'économie domestique et pour la santé, de ne consommer que des légumes et des fruits du climat où l'on se trouve et de ne réserver les primeurs qu'à certains sujets qui souffrent d'inhibitions digestives ou nerveuses et qui ont besoin de stimulations plus précipitées.

---

1. Voir à ce sujet : P. CARTON. — *Les trois aliments meurtriers*, 2e édition, 1923.

CHAPITRE 3
LES BONS ALIMENTS

Les œufs. — Les laitages : lait, lait caillé, fromages, beurre, crème de lait. — Les céréales. — Les légumes farineux. — Les légumes verts. — Les champignons. — Les fruits. — Le miel et le chocolat. — L'huile. — Certains aliments fermentés. — Les condiments doux. — La meilleure boisson.

LES ŒUFS.

L'œuf est un aliment très sain. Il est le meilleur des aliments albuminoïdes d'origine animale que l'on puisse donner aux enfants pour construire leur organisme et aux adultes pour l'entretenir.

L'œuf n'est contraire ni au foie, ni à l'intestin, ni à la peau, comme on le répète partout, à l'envi. Ce qui a donné naissance à la fable de l'œuf aliment toxique et ce qui est dangereux, c'est de faire gober de 4 à 18 œufs par jour, en suralimentation, par des malades anémiés ou tuberculeux. La jaunisse, l'entérite sanglante, l'urticaire, l'hémoptysie, la démolition des viscères digestifs et l'empoisonnement du sang sont la conséquence de telles prescriptions. Ce qui est néfaste aussi, ce sont les désharmonies alimentaires qui se produisent, quand on mange au même repas œufs, viande ou poisson. En réalité, l'intolérance absolue pour les œufs, même donnés à dose réduite et préparés en mélanges farineux est rarissime. Quant aux personnes qui affirment être intoxiquées invariablement par les œufs et n'en plus consommer depuis des années et qui jettent les hauts cris quand on parle de leur en redonner, on constate en les interrogeant minutieusement, que la plupart prennent très souvent, sans y prêter attention, de l'œuf à dose réduite, incorporé en mélanges dans de la brioche, des biscuits, des gâteaux, des sauces, des entremets, etc., sans en être incommodées le moins du monde. En effet, dans les cas où il existe chez des arthritiques ou des débiles digestifs, enfants ou adultes, de l'intolérance pour les œufs pris à l'état nature (à la coque, au plat, durs, brouillés, etc.), on observe presque invariablement la parfaite acceptation à l'égard de l'œuf, dilué et cuit avec des féculents ou en crème. Et même, un bon nombre de ces sujets arrivent après adaptation progressive à supporter un œuf entier et nature, chaque jour, et à s'en trouver bien mieux que quand ils étaient condamnés au régime végétarien carencé, sans œuf, ou au régime carné, toxique, de viande et de poisson à midi et le soir.

D'autre part, il ne faut pas non plus tomber dans la phobie de l'œuf malsain s'il n'est pas pondu du jour même. (Test ainsi que l'on voit des gens refuser des œufs datant de quelques jours, mais accepter sans broncher de la viande frigorifiée ou faisandée et du poisson malodorant). À côté de cela, il est évident qu'il faut se méfier des œufs de conserve du commerce, des pâtisseries suspectes faites avec de la crème en été (empoisonnements collectifs par gâteaux à la crème) ou avec des œufs de conserve et qu'il est préférable de faire soi-même sa pâtisserie et d'habiter hors des grandes villes pour avoir chez soi des poules nourries logiquement (grains, verdures, vers et insectes) qui donnent des œufs bien plus sains que ceux pondus par des volailles forcées au moyen d'aliments industriels (poudre à faire pondre, déchets d'abattoir, détritus de poisson, huile de foie de morue, etc.).

En résumé, l'œuf à l'état nature est bienfaisant, pour la plupart des gens, à la dose de 1 ou 2 par jour. D'autre part, il est toléré admirablement par les arthritiques et les entéritiques, à dose réduite et incorporé dans des préparations culinaires très variées qui permettent de composer un régime de guérison (en grande partie végétarien), pour tous les fragiles des voies digestives.

LES LAITAGES : LAIT, LAIT CAILLÉ, FROMAGES, BEURRE, CRÈME DE LAIT.

Le lait, défavorable pris à l'état liquide, reste utile en mélanges culinaires et peut servir à préparer crèmes, flans, riz, puddings, gâteaux. Il est même toléré alors par la plupart des dyspeptiques, pourvu qu'on le coupe d'un tiers ou de moitié d'eau, chaque fois que cela sera possible. Le lait de chèvre est moins bon que celui de vache.

Le lait caillé est bien mieux supporté que le lait à l'état nature. La fermentation lactique aide à la digestibilité et combat les infections intestinales (putréfactions, entérite). Le meilleur est le lait caillé spontanément et non bouilli. Les laits caillés du commerce (kéfir, yaourt), qui sont bouillis ou concentrés, sont moins digestifs. Le caillage obtenu à l'aide de présure ou de produits qui en contiennent est malsain. Il est bon de temps en temps de prendre, à la place du fromage, du lait caillé aux desserts, surtout en été, et particulièrement au moment des fraises. Mais il peut être mauvais de faire du lait caillé un emploi copieux, systématique et continu, parce qu'à la longue l'excès d'acide lactique peut décalcifier et parce que l'usage trop continu du lait, même caillé, arrive à fatiguer.

Les fromages blancs qui sont des laits concentrés (débarrassés du petit lait), préparés à la présure (extrait de l'estomac du veau) et non transformés par les fermentations secondaires sont à déconseiller presque toujours à l'égal du lait nature, en particulier les fromages blancs, double-crème (petit Suisse, demi-sel), dont la concentration en corps gras se montre paralysante pour les voies digestives.

Les fromages fermentés, crus ou cuits, sont de meilleurs aliments, dont il ne faut jamais se priver complètement. Les fromages les plus doux sont : la Tomme de Savoie, le St-Nectaire et le Parmesan puis le Gruyère ordinaire, le Hollande, le Camembert, le Coulommier, le Neufchâtel, le Port-Salut. Pas trop faits, ils sont utiles pour aider à la digestion et au bon entretien de l'économie. Mais, les malades, fragiles des organes digestifs ou sujets aux irritations cutanées, devront se contenter de doses réduites. Pour les travailleurs manuels, le fromage est un aliment des plus recommandables.

Le beurre est la meilleure graisse animale. Il doit être employé frais et la plupart du temps ajouté à table dans les plats chauds. Il reste digestible et vitalisant, à condition qu'on ne l'emploie pas fondu ou salé, pour le conserver, ou encore à doses excessives, ou en fritures.

La crème de lait aigre est un aliment riche, dont il ne faut pas abuser non plus.

LES CÉRÉALES.

Le blé ou froment, le seigle, l'orge, l'avoine, le maïs, le riz et le sarrasin comptent parmi les aliments de première nécessité pour l'homme. Les races qui n'ont pas connu l'usage des céréales et des fruits (les Esquimaux, par exemple) sont restées arriérées et sans extension.

La meilleure des céréales est le blé. C'est au blé que les races indo-européennes doivent la prééminence de leur développement. Les enfants doivent consommer surtout des bouillies de froment.

Les grains entiers, les farines, les semoules et les flocons de céréales, les pâtes (nouilles, macaronis) sont d'excellents aliments.

Le pain, aliment fondamental des Français, est devenu un aliment insuffisant et moins digestif depuis l'introduction de la mouture à cylindres qui a permis d'obtenir des farines plus blanches débarrassées des parties bises sous-corticales qui, avec le germe, renferment le maximum d'éléments azotés, minéraux, diastasés et de vitamines. Il faudrait avoir la sagesse de revenir au pain bis des paysans d'autrefois et au pain fait exclusivement de blé ou mélangé d'un peu de seigle (ancien pain de méteil). Les détestables mélanges (maïs, riz, sorgho, manioc, haricots exotiques) effectués depuis la guerre sont des causes certaines d'affaiblissement et d'intoxication (gesse, haricots toxiques, maïs avarié) de la race. Les grands dyspeptiques tolèrent mieux le pain blanc. Les travailleurs de force trouveraient dans le pain complet un aliment de haute valeur excitante et revigorante. Par contre, les sédentaires, les arthritiques, les rhumatisants sont encrassés par cette grande richesse nutritive du pain complet et doivent s'en priver. De nombreux sujets végétariens se rendent ainsi malades à consommer du pain complet qui ne convient pas à la résistance amoindrie de leurs viscères, ni à leur genre d'occupation. Il est préférable de consommer le pain rassis. Les malades sujets aux fermentations devront n'en manger que des doses modérées.

LES LÉGUMES FARINEUX.

La *pomme de terre* est un féculent précieux, à faire paraître fréquemment dans les menus, alterné avec des céréales ou encore mélangé à d'autres légumes (choux, carottes, etc.). Nous rappelons qu'il ne faut consommer que des variétés à chair jaune.

Les *légumineuses en grains* sont très riches en matériaux nutritifs et en purines. Cette forte concentration doit en faire réserver l'usage courant aux gens vigoureux et aux travailleurs manuels. Les arthritiques, les entéritiques, les rhumatisants devront se priver de pois cassés, pois d'été, pois chiches, haricots secs, fèves sèches, ne consommer que des petits pois fins (au printemps) et user rarement de lentilles (en hiver). L'usage habituel des légumes secs est un des fléaux du végétarisme mal conçu.

Les *marrons* sont d'excellents aliments d'hiver.

Le *tapioca*, fabriqué trop souvent avec de la fécule de pomme de terre, est peu nourrissant. Aussi doit-on en donner rarement, surtout aux enfants, qui ont besoin de farineux plus substantiel.

LES LÉGUMES VERTS.

Les végétaux verts ou colorés sont les pourvoyeurs principaux de sels minéraux et de vitamines pour l'organisme humain. Salades et légumes crus doivent paraître chaque jour dans les menus, ainsi qu'un plat de légumes verts cuits, pour fournir la vie et les minéraux indispensables au parfait fonctionnement de l'économie. Ils ne sont pas de bons débitants de calories, c'est ce qui les a fait trop longtemps condamner par les théoriciens de laboratoire. Pourtant, on commence à les réhabiliter dans les milieux classiques, depuis qu'on s'y est intéressé à l'étude des impondérables alimentaires (vitamines). Même en hiver, on peut trouver facilement des légumes verts à cuire (choux de Bruxelles, choux pommés, choux verts, chicorée, pissenlit, scarole, épinard, carotte, poireau, cardon, courgette, courge farineuse de Hubbard).

LES CHAMPIGNONS.

Ces végétaux riches en matériaux azotés et si sapides, sont à recommander pour varier et corser les menus, surtout dans les régimes végétariens où ils peuvent assez souvent remplacer la viande. Mais, il n'en faut pas abuser non plus. Les rhumatisants et les goutteux devront même n'en prendre que très modérément. Les plus forts sont les truffes, les morilles ; puis viennent les cèpes, les champignons de couche. En été, c'est un régal de consommer des champignons sauvages (girolles, cèpes, columelles, coprins, oronges vraies, etc.), mais il faut ne récolter que les espèces non vénéneuses que l'on doit être capable de reconnaître avec certitude, car tous les autres procédés de distinction sont illusoires et dangereux (cuiller d'argent ou oignon blanc qui noircissent, etc.).

LES FRUITS.

À cause des vitamines, des principes sucrés et des sels minéraux qu'ils renferment, les fruits comptent parmi les aliments indispensables à l'homme. Ils doivent être donnés crus aux deux repas principaux en quantité plus ou moins grande selon les tolérances de chacun. L'intolérance pour des doses modérées de fruits crus tient uniquement à la mauvaise constitution du reste du régime et à la présence d'autres aliments désharmoniques dans les menus. En commençant par des doses minimes de fruits très doux et très mûrs et en réglant logiquement les menus, on arrive à accoutumer tous les tempéraments et tous les malades, même entéritiques, à l'usage vivifiant des fruits crus.

Les principaux fruits doux se succèdent toute l'année : bigarreaux, guignes, grosses fraises, abricots, pêches, brugnons, prunes, groseilles à maquereau, poires, myrtilles, nèfles, figues, kakis, pommes, bananes. Les fruits acides sont à éviter par les dyspeptiques, les anémiés, les déminéralisés, les tuberculeux (citron, orange, mûres, groseilles à grappes, framboises, cassis, cerises aigres, petites fraises, variétés de poires et de pommes acides, fruits pas mûrs ou tombés verts).

Les fruits oléagineux (noix, noisettes, amandes, cacahuètes) sont riches en principes azotés et huileux. Ils peuvent servir à renforcer la ration azotée d'un menu et à faire mieux tolérer des fruits aqueux imparfaitement doux.

Les *fruits secs* sont utiles en hiver. Le pruneau est le meilleur de ces fruits. Ses qualités laxatives sont précieuses. Le raisin sec peut servir également. Mais, on évitera aux dyspeptiques, aux déminéralisés les figues sèches et surtout les abricots secs (conservés à l'acide sulfureux), avec lesquels ils risquent des accidents d'acidification des humeurs.

LE MIEL ET LE CHOCOLAT.

Le miel est, après les fruits sucrés, le meilleur sucre que l'on puisse consommer. C'est un aliment vivant, vitaminé, diastasé, parfumé, minéralisé, très supérieur au sucre de betterave, aliment chimique, dénaturé et dévitalisé par les manipulations de raffinage qu'il doit subir. C'est pourquoi *le miel, les confitures faites au miel et le pain d'épices* sont précieux pour compléter la ration de sucre aux desserts. Mais, le miel est un aliment si riche qu'il faut n'en pas abuser, n'en pas ajouter à tous les entremets, ni aux infusions, sans quoi on arrive à fatiguer les voies digestives. Il est préférable pour édulcorer plats et infusions d'utiliser des doses très modérées de sucre industriel qui, incorporé dans des farineux cuits, cesse d'être aussi irritant.

Pour la même raison, le *chocolat*, où l'amande du cacao se combine au sucre industriel pour neutraliser son agressivité, reste un aliment recommandable à dose modérée et à préférer au cacao qui est rendu soluble par adjonction de potasse.

Préférer, même pour les confitures, le sucre de canne, qui est un sucre de tige, au sucre de betterave, qui est un sucre de racine.

L'HUILE.

Les *huiles d'olive, d'arachide, de noix* sont la plupart du temps plus digestibles que le beurre quand on les emploie à dose juste suffisante. La plus légère est l'huile blanche ou d'arachide. Elle est la mieux tolérée par les dyspeptiques L'huile de noix demande à être consommée très fraîche. Elle est assez irritante.

CERTAINS ALIMENTS FERMENTÉS.

Tous les aliments végétaux ont été formés à l'aide de matériaux nutritifs puisés dans le sol où ils sont préparés par l'action fermentative des agents figurés (microbes) et non figurés (ferments). La nourriture fermentée sauf celle dont les produits ultimes se montrent toxiques pour l'homme par des ptomaïnes, des leucomaïnes, ou de l'alcool, est donc dans l'ordre naturel et se trouve légitimée pour l'homme. C'est dire que si l'on élimine les viandes faisandées et les boissons fermentées il reste plusieurs catégories d'aliments fermentés qui sont excellents pour la santé : *le pain*, les *pâtisseries levées à la levure*, la *farine de malt*, le *lait caillé*, les *fromages*, la *choucroute*. Le *vinaigre de vin* fait chez soi est même un acide naturel plus recommandable que le citron.

La *farine de malt* (Heudebert) fluidifie et saccharifie les amidons, aide à la digestion des matières azotées, enraye les fermentations gastro-intestinales. On l'ajoute, hors du feu, dans les potages ou les aliments, 10 minutes avant de les consommer. Il est encore plus simple et aussi favorable de l'employer sous forme d'eau maltée : 1 cuillerée à café, délayée dans un verre d'eau. Éviter de se servir des farines maltées à l'avance, du commerce [1].

LES CONDIMENTS DOUX.

Pour relever le goût d'aliments peu sapides, pour éveiller l'appétit et stimuler les sécrétions digestives, on peut utiliser des produits excitants de haut goût. Leur emploi est surtout utile chez les petits mangeurs, difficiles à alimenter, qui ne se nourrissent volontiers que de mets variés et sapides.

Le *sel* est le plus employé des condiments. On ne doit abuser ni du sel, ni du régime sans sel. L'excès de sel est irritant pour les muqueuses et les cellules glandulaires. Le régime sans sel, dont on use à présent à tort et à travers, n'est vraiment indiqué que dans les cas indiscutables, et en somme assez rares, d'œdèmes par rétention chlorurée. Même les albuminuriques sans œdème peuvent ajouter du sel *à dose très modérée* dans leurs aliments, pour éviter la perte d'appétit, l'appauvrissement des sécrétions et la paralysie vitale que détermine à la longue la carence de chlorure de sodium.

Les *végétaux* offrent une foule de condiments utilisables : le chou, le poireau, l'oignon, la muscade, le cerfeuil, le persil, la sauge, le thym, le laurier, la ciboulette, l'estragon, les champignons, les olives vertes, les olives noires, la roquette, la sarriette, le céleri, les fleurs d'orange, de capucine, la cannelle, la vanille. On usera avec plus de discrétion de l'ail, de l'échalote, du clou de girofle, du poivre, du cornichon. On évitera, en général, la rave, le raifort, la moutarde, les pickles, le citron, la tomate, les quatre épices, le gingembre.

LA MEILLEURE BOISSON.

La meilleure des boissons, vitalisée et minéralisée, est *l'eau de source* que fournissent ordinairement les robinets des canalisations d'eau des grandes villes. La *bière*, surtout celle du Nord, qui est peu alcoolisée est moins irritante que le vin. Le *cidre* est mal toléré par tous les dyspeptiques. Le *vin* n'est pas indispensable et il n'est pas sans dangers, quand on en consomme trop (surexcitation, scléroses). Les boissons excitantes : *thé* et *café* doivent être laissées chez la plupart des sujets qui s'entraînent à l'alimentation moins toxique et moins irritante, car on ne doit pas réduire trop brusquement leurs hyperstimulations digestives et nerveuses. Ces boissons ne sont pas nécessaires, pourtant. Le *café de malt* n'est pas une boisson de remplacement très louable. Il vaut mieux d'ailleurs ne prendre des boissons chaudes et des infusions que par nécessité momentanée, car on finit par consommer trop de sucre et par être en carence de minéraux, à boire souvent de l'eau bouillie (précipitation et dépôt des sels sur les parois des casseroles). À partir du sevrage, le *lait* ne doit plus être employé en boisson pour apaiser la soif.

La question des boissons perd d'ailleurs de son importance à partir du moment où le régime solide est réglé logiquement. Les gens qui se nourrissent avec bon sens cessent d'être assoiffés et ne doivent plus boire qu'aux rares moments où ils en éprouvent vraiment le besoin, avant, pendant ou après les repas, sans se croire obligés de se laver les reins qui, maintenant, ne sont plus encombrés de déchets alimentaires dangereux.

---

1. Lire : « Le maltage des aliments » dans : P. CARTON, — *Enseignements et traitements naturistes pratiques* ; 2e série.

CHAPITRE 4
LA SYNTHÈSE ALIMENTAIRE

Le budget organique. — L'importance des aliments crus. — Les vitamines. — L'alimentation est une voûte. — La notion de synthèse alimentaire doit détrôner la théorie des calories. — Menus non synthétiques et irrationnels. — Menus synthétiques et rationnels.

LE BUDGET ORGANIQUE.

Un organisme fait des recettes et des dépenses. Les recettes doivent l'emporter sur les dépenses dans le jeune âge et l'adolescence, tant que la construction corporelle n'a pas atteint son apogée. Puis, les recettes doivent équilibrer les dépenses pour que l'économie se maintienne en poids, en vigueur et en harmonie. La rupture d'équilibre par excès de recettes conduit aux maladies de pléthore, d'encrassement et d'usure précoce. L'excès de recettes combiné à l'excès d'activité ou de dépenses conduit au surmenage intensif, aux maladies d'usure organique, à la mort prématurée. L'insuffisance de recettes mène aux maladies de carence et aux infections par dénutrition. L'insuffisance de dépense physique (exercice) entrave la nutrition et provoque la débilité et la fragilité organiques.

Les recettes destinées à combler les pertes organiques se font principalement par l'alimentation digestive. Les autres modes d'introduction de matériaux nutritifs ont lieu par les poumons et la peau (air, radiations solaires) : d'où la nécessité de joindre la vie naturelle de grand air à l'alimentation bien réglée, pour se bien porter.

Au point de vue physique, un organisme est assez comparable à une machine, telle qu'une locomotive. Il est construit à l'aide de particules assemblées qui, comme les pièces métalliques, s'usent à force de servir et qui ont besoin d'être rechangées. Il ne peut fonctionner que s'il possède des matériaux combustibles qui correspondent au charbon du tender. Il ne peut entrer en action que s'il est alimenté de forces d'expansion, d'aliments vitalisés, qui représentent l'eau et la vapeur de la chaudière et que s'il est mis en marche par des excitations.

Cela revient à dire que le régime alimentaire pour être normal et complet doit comprendre des *aliments réparateurs* destinés à remplacer les usures des tissus corporels, des *aliments combustibles* propres à entretenir la chaleur et l'énergie motrice du corps, des *aliments vitalisés* capables d'assurer la recharge vitale des tissus et des *aliments excitants* qui jouent le rôle d'allumettes et de leviers d'action.

La chimie et la physiologie ont enseigné que les aliments réparateurs sont ceux qui sont riches en *matières albuminoïdes ou azotées,* d'une part, et ceux qui renferment beaucoup de *sels minéraux,* d'autre part ; que les aliments combustibles sont les produits qui contiennent beaucoup *d'amidon,* de *graisse* ou de *sucre* ; que les aliments vitalisés ou vivants sont fournis par les *aliments crus* et créés par la vie végétale.

Les principaux *aliments azotés* ou réparateurs sont les œufs, le lait, les fromages, les céréales, le pain, les champignons, les légumineuses, les fruits oléagineux, le chocolat, la viande, les poissons.

Les *aliments minéralisants* sont : les légumes verts, crus et cuits, les céréales (pain bis ;flocons ; le blé cru trempé), les fruits doux, l'eau pure, le jaune d'œuf, le lait et les fromages.

Les *aliments combustibles* comprennent les féculents : céréales, farines, semoules, pain, pâtes, pommes de terre, riz, légumineuses, marrons ; les graisses : beurre, huile, fruits oléagineux ; les sucres : fruits doux, miel, pain d'épice, chocolat, sucre industriel.

Les *aliments vitalisés* sont donnés principalement par des végétaux crus : le blé, la salade et les légumes crus ; les fruits crus ; puis, par certains produits vitalisés par les fermentations : le pain, le lait caillé, les fromages, la farine de malt Heudebert.

En dehors de ces besoins chimiques existent des nécessités d'excitation sapide et mécanique pour achever la présentation d'un régime parfait. *L'excitation sapide* est donnée par les aliments de haut goût, les produits stimulants, les condiments, la cuisine bien préparée, sans être, pour cela, ni trop relevée, ni trop concentrée. *L'excitation mécanique* est fournie par la présence d'aliments incomplètement assimilables qui laissent des déchets cellulosiques, utiles pour assurer l'excitation motrice et le balayage de l'intestin : fruits, légumes verts, céréales entières.

L'IMPORTANCE DES ALIMENTS CRUS. LES VITAMINES

Depuis longtemps les empiriques naturistes et les médecins avertis avaient reconnu la nécessité de faire consommer des aliments vivants et de recommander l'usage courant d'aliments crus, aux gens bien portants comme aux malades. Et ils préconisaient l'emploi quotidien de légumes crus (salade, etc.), de fruits crus et même d'un peu de céréales crues trempées à l'avance (blé) pour contrebalancer l'influence déprimante des aliments morts (aliments cuits, stérilisés, concentrés). Ils avaient observé que l'alimentation crue (les fruits surtout) facilite considérablement le nettoyage humoral, la vivification et le rétablissement au cours des maladies aiguës et chroniques, et qu'elle donne beaucoup plus de vitalité et d'endurance aux gens bien portants. Ils savaient que ces effets étaient dus à la force vitale impondérable qui constitue le pouvoir de germination, de végétation, de réparation, de cicatrisation, présent chez tous les animaux et les végétaux. Ils avaient reconnu que cette énergie vitale alimentaire provenait exclusivement du règne végétal qui l'extrayait du sol et du rayonnement solaire et que les animaux étaient incapables de l'élaborer directement. Les êtres carnivores se nourrissent, en effet, d'herbivores ou de frugivores.

Les auteurs classiques, rivés à la conception alimentaire, purement chimique et calorifique, avaient longtemps méconnu la puissance des énergies nutritives impondérables. Aussi défendaient-ils atout le monde l'usage des crudités (salade, fruits), sous les mauvais prétextes qu'ils sont indigestes et sans valeur calorifique, et qu'ils peuvent véhiculer des microbes. Leur incompréhension de la puissance vitalisante des aliments crus était telle qu'ils allaient jusqu'à taxer de folie la prescription d'un peu de salade ou de fruits crus, à des individus atteints de déchéance nutritive.

Puis, sont venus des recherches de physiologistes qui sont en train d'opérer le renversement de ces opinions classiques. En nourrissant des animaux rien que de produits stérilisés ou cuits ou encore rien que d'aliments purifiés, c'est-à-dire dénaturés (caséine, graisse et amidon purs, minéraux chimiques), on a vu qu'il se produisait invariablement de l'arrêt de développement, des désordres nerveux, hémorragiques et oculaires, des paralysies, des troubles trophiques, finalement une cachexie mortelle et qu'il suffisait à la période ultime de donner très peu de certains produits naturels et frais (lait, céréales entières, fruits) pour ramener la vigueur et la santé. Ces faits expérimentaux rapprochés des enseignements cliniques fournis par l'étude du scorbut (qui se déclare, par exemple, chez les marins nourris de conserves ou chez les enfants mis aux produits stérilisés) et par l'étude du béribéri (qui sévit chez les individus nourris presque exclusivement de céréales décortiquées : riz poli, farines blanches) ont apporté la démonstration irréfutable de l'existence de produits impondérables, vivants, que Funck a dénommés « vitamines ». Et, cette découverte expérimentale a contribué à faire admettre enfin par les classiques l'obligation de consommer régulièrement certains aliments crus, si l'on veut éviter des carences alimentaires et les maladies qu'elles entraînent.

Trois catégories de vitamines (A, B et C) ont été caractérisées expérimentalement. La *vitamine A soluble* dans les graisses, abonde dans les légumes verts (salade, épinard, chou, carotte), et dans les corps gras (beurre, crème de lait, jaune d'œuf, huile). Elle favorise le développement des individus jeunes, le bon état trophique des tissus et la vigueur des défenses naturelles anti-microbiennes. La carence de vitamine A prédispose à toutes les infections microbiennes, aux caries dentaires, au rachitisme et détermine une maladie des yeux (xérophtalmie). La *vitamine B* se rencontre surtout dans les céréales entières (zones corticales et germe) et dans la levure de grains. Elle sert au bon entretien des organes glandulaires et nerveux. Sa suppression entraîne les troubles circulatoires (œdèmes) et nerveux (névrites) du béribéri. La *vitamine C* se trouve principalement dans les fruits crus, puis dans les légumes crus (chou, pomme de terre, carotte, pois, etc.) et aussi dans la partie aqueuse du lait (petit lait). Elle favorise la croissance et le développement osseux. Le scorbut et la maladie de Barlow (scorbut infantile) résultent de la privation de vitamine C (lait stérilisé, absence de végétaux frais). Signalons enfin qu'aucun produit pharmaceutique, dit vitaminé, ne saurait se substituer à la vie alimentaire des végétaux frais.

Ces expériences de laboratoire n'ont donc fait que corroborer et étayer encore plus solidement, nous le répétons, les enseignements naturistes, traditionnels et empiriques, et elles permettent d'affirmer en toute certitude qu'un régime alimentaire ne peut pas être considéré comme synthétique, normal et naturel, s'il ne comporte pas l'usage quotidien des trois vitamines, c'est-à-dire de salade et légumes crus, de fruits crus, de blé cru, pris combinés, à doses modérées, en hors-d'œuvre. Cette nécessité s'impose à tous les âges (enfants sevrés, adultes, vieillards), dans toutes les circonstances physiologiques (grossesse, allaitement) et dans tous les états morbides où la nourriture solide est indiquée. Il n'y a qu'à bien régler le choix et le dosage des produits employés (doses *minimes chez* les petits enfants et les entéritiques, par exemple).

L'ALIMENTATION EST UNE VOÛTE.

Le régime normal peut être comparé à une voûte où chaque pierre est choisie et placée pour donner un ensemble qui forme un tout harmonieux et solide. Que plusieurs pierres viennent à manquer, la sécurité de l'édifice est compromise. Que la clef de voûte ou grosse pierre centrale soit absente, rien ne tiendra plus. De même, dans un régime, si l'une ou plusieurs des catégories nutritives nécessaires ne sont pas présentes dans les menus, il se crée des carences ; le reste du régime est mal utilisé et la construction organique périclite. Toutes les catégories d'aliments doivent donc s'épauler et se soutenir les unes les autres et, par-dessus tout, la ration azotée doit être bien agencée, car elle est fondamentale et représente la clef de voûte du régime.

On ne saurait croire combien cette conception de la synthèse alimentaire joue un rôle capital dans le renforcement des résistances organiques, la conservation de la santé et, par suite, dans la détermination des réceptivités morbides et combien il importe pour tout le monde, et plus particulièrement pour les médecins, les maîtresses de maison et même les cuisiniers d'être éclairés sur la constitution d'un régime synthétique normal, afin d'éviter la prescription ou la présentation de menus dangereux, parce que mal construits (excès de matériaux d'une catégorie, carences totales d'autres espèces d'aliments).

En effet, la carence azotée (aliments azotés insuffisants ou mal choisis, trop toxiques, non adaptés ou exclusivement végétaux) conduit à la fonte musculaire à l'inutilisation des graisses, sucres, amidons, acides ; la carence des combustibles (régime sans graisses, sans sucres, ou sans féculents) fait maigrir, abaisse les forces, encrasse les humeurs par impossibilité d'utiliser les matériaux azotés ; la carence de vitalisation (privation d'aliments crus) donne des troubles de nutrition par carence (avitaminoses, scorbut), béribéri, fissures ou infections cutanéo-muqueuses, etc.).

Enfin, il est utile de savoir que la nourriture non synthétique est incapable de provoquer la sécrétion d'un suc gastrique pleinement actif, car les expériences de Pawlow ont établi qu'à chaque catégorie de matériaux nutritifs correspond la sécrétion d'un suc gastrique spécial. Ce n'est donc qu'en présence d'une nourriture comportant toutes les variétés de substances utiles à l'entretien corporel que les glandes gastro-intestinales peuvent sécréter, par réaction, des sucs digestifs complets.

En résumé, le régime non synthétique et mal choisi aboutit toujours à la déroute des forces nerveuses, à la perte des immunités naturelles, à la paralysie des défenses corporelles, à la déclaration de maladies dyscrasiques ou infectieuses, car, il ne faut jamais l'oublier, les maladies microbiennes ne peuvent apparaître que grâce à la déficience du terrain organique.

On n'imagine pas la quantité de gens qui tombent malades uniquement du fait de régimes mal constitués et mal choisis. On ne se figure pas les miracles de guérison que l'on peut accomplir rien que par la réforme des habitudes de régime et les prescriptions de menus bien synthétiques et bien adaptés.

La science du régime synthétique et bien choisi devrait donc faire partie de l'enseignement professionnel du cuisinier autant que du médecin, car leur collaboration est indispensable pour assurer l'œuvre capitale de la prophylaxie ou de la guérison des maladies, par la prescription et l'exécution de régimes rationnels et sains.

LA NOTION DE SYNTHÈSE ALIMENTAIRE DOIT DÉTRÔNER LA THÉORIE DES CALORIES.

Jusqu'à présent, pour déterminer la ration alimentaire normale, on s'était attaché principalement à la calculer en calories, c'est-à-dire en rendement de chaleur, après combustion. La calorie est la quantité de chaleur nécessaire pour élever de un degré la température de un kilo d'eau en 24 heures. Expérimentalement, dans un appareil inerte (bombe calorimétrique), on s'était rendu compte de la somme de calories que dégageait par combustion 1 gr. d'ovalbumine, de graisse, de sucre, d'amidon et on en avait déduit que l'on pouvait régler le régime alimentaire de l'homme par une combinaison d'aliments qui fournirait un total de 3.000 calories environ. De là sont nés ces tableaux de valeur calorifique des divers aliments et de menus rationnels où tous les mets sont pesés à un gramme près.

Ces recherches n'ont guère eu qu'un intérêt théorique, car dès qu'il s'est agi de les mettre en pratique le désaccord a régné entre les auteurs pour chiffrer la ration moyenne nécessaire et la plupart des menus scientifiquement établis d'après les calculs calorimétriques se sont trouvés impraticables ou carences. En effet, trop de facteurs échappent à la théorie des calories ou même les contredisent. Par exemple : elle ignore les valeurs minérales et les vitamines ; elle ne tient aucun compte des pouvoirs si variables d'assimilation des transformateurs organiques et elle conduit à nourrir les faibles comme les forts, les malades comme les bien portants, puisqu'elle se base uniquement sur le poids du corps pour calculer la ration ; elle ne tient compte ni des variations d'appétit, ni des différences de tempérament, ni des nécessités d'adaptation.

C'est pourquoi le calcul calorimétrique des rations n'a jamais pu servir à conduire la thérapeutique diététique. Par contre, quand on connaît tous les genres d'aliments qui doivent entrer dans la composition d'un menu synthétique normal, quand on sait discerner les aliments toxiques des non toxiques, quand on possède le classement des divers aliments en catégories (forts, moyens, faibles) et qu'on s'attache à les proportionner aux degrés de capacité digestive et assimilatrice, variables selon les individus, on est mieux armé pour bien se nourrir ou bien diriger le régime des autres que si l'on s'est borné à consulter des tables de calories et des collections de menus pesés. En pratique, en effet, jamais les calculs calorifiques des aliments n'ont pu être utilisés par qui que ce soit d'une façon un peu suivie, pour l'établissement des menus, car les exigences du tempérament et de l'appétit, avec lesquelles il faut compter, interdisent l'usage des mathématiques pour le rationnement alimentaire. D'ailleurs, les partisans de la théorie des calories ont fait eux-mêmes l'aveu de cette piètre utilité pratique des calculs calorimétriques : « Votre appétit est là pour vous guider, à la condition que vous ne le maltraitiez pas avec des menus mal composés, écrit Hemmerdinger [1]. Si vos menus sont bien choisis, l'appétit reprend ses droits. Je vous assure qu'il est très rare que je fasse à la maison le compte des calories. Je le fais lorsque je veux préparer une conférence, pour donner des exemples, je n'en ai pas besoin pour mon application personnelle... Le goût est un bon guide s'il n'est pas perverti par un abus de viande ou de condiments, donc, il n'est pas besoin du tout pour faire un menu d'aligner des chiffres. »

MENUS NON SYNTHÉTIQUES ET IRRATIONNELS.

On peut dire que la presque totalité des menus-types inscrits dans les livres d'hygiène alimentaire et de cuisine sont nocifs, parce que trop chargés en aliments azotés et en mets de haut goût, et parce que carences en aliments minéraux et en vitamines (insuffisamment fournis en légumes cuits et en aliments crus).

À la table familiale, les erreurs les plus fréquentes sont également soit des accumulations intempestives d'aliments animaux ou azotés au même repas (viande et poisson ; ou viande et œuf ; ou viande, champignons, œufs, légumes secs, fromage) ; soit une surcharge toxique (viande, poisson) au repas du soir ; soit des carences (absence d'aliments crus, salades et fruits) ; soit une insuffisance des légumes verts cuits ; ou au contraire rien que des légumes verts et pas de féculents ; ou pas de fromage ; soit un manque d'aliments sucrés ou un abus des sucreries (confiseries et entremets) ; soit, enfin, plusieurs de ces fautes réunies.

Comme type d'alimentation foncièrement illogique, citons deux jours de menus-types, copiés dans un livre de cuisine ;

Déjeuner

- Soles au vin blanc
- Gigot rôti
- Flageolets au jus
- Fromage
- Œufs à la neige

- Huîtres
- Homard grillé
- Chateaubriand pommes paille
- Champignons grillés
- Fromage
- Crème renversée

Cette énumération ne comporte exclusivement que des aliments azotés forts. Il y en a cinq, alors que deux (viande ou poisson ou œuf d'une part, avec ou champignons ou légumineuses ou fromage d'autre part) suffisent à entretenir l'état trophique d'adultes se livrant à des travaux musculaires de force. En outre, il manque à ces menus les aliments crus indispensables : fruits et salades. Mais cette suppression est devenue presque une nécessité en face de pareilles surcharges d'aliments trop riches. Car, dès qu'on rend le régime anti-physiologique et anti-naturel, on crée des désharmonies alimentaires, sources d'indigestion. Et quand le trouble d'estomac est survenu, au lieu de mieux combiner le menu, on incrimine invariablement les fruits, les légumes, les salades ; on les supprime comme étant indigestes et on ne garde plus que les mets surexcitants et encrassants. L'absence d'équilibre dans la synthèse alimentaire, de même que l'accumulation d'aliments trop toxiques, trop forts ou trop richement cuisinés conduisent donc à la désharmonie alimentaire et à l'indigestion. Voici maintenant des menus du dîner, relevés dans le même ouvrage :

- Soupe au lait et à l'oseille
- Brochet mayonnaise
- Lièvre rôti
- Cardon à la moelle
- Fromage
- Ananas au kirsch

- Tapioca au lait
- Œufs à la coque
- Jambon au madère
- Nouilles au fromage
- Petit Suisse
- Gâteau de marrons

Excitation nocturne ; rêves, cauchemars ; réveil pâteux, torpeur cérébrale et anéantissement physique le lendemain sont les effets habituels de repas du soir pareillement composés, où cinq aliments azotés, dont plusieurs sont intoxicants, s'accumulent, alors que le bon sommeil et l'entrain au réveil ne peuvent s'obtenir que par des dîners légers, peu animalisés, riches en aliments apaisants.

Même des gens qui savent les dangers des nourritures toxiques et des repas forts s'infligent de graves troubles de santé, en composant leurs menus d'une façon non synthétique et anti-physiologique. Voici, par exemple, les menus habituels de deux sujets végétariens qui étaient tombés malades, par carences et par acidification alimentaires et qui présentaient de l'amaigrissement continu, de l'anémie et de l'entérite muco-membraneuse et sanglante, depuis des années.

Le matin

- Café Kneipp au lait ;
- pain, oranges.

- Potages-légumes ;
- pain, oranges.

Midi

- Potage-légumes ;
- Protose ou un légume sec ; riz ou pâtes ou pommes de terre ; sauce au jus d'orange ou de citron ou de tomates ; confiture de

- rhubarbe.

- Salade au citron ;
- Deux légumes verts cuits ;
- Haricots ou lentilles ;
- Petit Suisse ;
- Oranges.

4 heures

- Pain et fruits (souvent acides).
- Potage-légumes ou céréales.

Soir

- Soupe au lait ;
- pommes de terre ;
- un légume vert cuit ;
- pain beurré.

- Potage à l'oseille ;
- orge au jus de groseille ;
- céleri-rave sauce blanche ;
- fromage double-crème.

De tels régimes sont carences en matériaux azotés, en matières minérales et en vitamines. Ces malades terrorisés par les diatribes qui se publient partout contre les œufs, n'en prenaient qu'un ou deux par semaine. Et comme on ne peut pas remplacer physiologiquement la viande rien que par des légumes secs ou des produits industriels (protose), car il n'y a pas équivalence chimique qui tienne devant les nécessités d'adaptation et de physiologie alimentaires, ces malades étaient en état permanent de dénutrition, de décalcification et de corrosion intestinale. En outre, ils s'acidifiaient les humeurs et les excrétions par l'emploi continuel du citron, de l'orange, de la tomate, de la rhubarbe, des légumes blancs ; ils se paralysaient les voies digestives par l'emploi quotidien du lait liquide et du fromage double-crème et ils se surmenaient les viscères digestifs en prenant un goûter, toujours néfaste aux sujets moyens ou gros mangeurs qui absorbent suffisamment d'aliments aux deux repas principaux. Ils ont guéri rapidement tous les deux en reprenant de l'œuf en mélange chaque jour, du fromage fermenté, des aliments crus vitaminés (très peu de salade crue, légumes crus et blé cru), en supprimant légumes secs, lait liquide, fromage blanc, légumes blancs, fruits acides et en suivant des menus bien synthétiques et plus variés.

MENUS SYNTHÉTIQUES ET RATIONNELS.

La composition d'un menu logique est une question d'ordre général et aussi une affaire d'individualisation, car de nombreuses variantes de qualité, de choix, de préparation, de juxtaposition peuvent être introduites pour varier les régimes et les adapter aux circonstances [2].

C'est surtout dans le petit repas du matin que les différences de composition les plus grandes se rencontrent, selon le sujet considéré, son genre d'occupation ou ses dispositions organiques.

En général, ce petit déjeuner peut se composer d'une boisson *excitante* : thé ou café ou chocolat ou infusion aromatique variée (voir : *infusions*) sans lait. Car le lait liquide est le fléau des petits déjeuners. C'est lui qui entrave la digestion du chocolat et qui le rend constipant. On ne peut le tolérer qu'à doses réduites : 1/4 ou 1/3 de lait. Chez les sujets nerveux, en mauvais état de nutrition, il est préférable de le prescrire sous forme de lait condensé sucré, à la dose d'une petite cuillerée à café, diluée dans l'infusion, parce qu'il se digère bien mieux que le lait frais. Avec l'infusion, on prendra des *aliments peu azotés, mais surtout combustibles* : du pain grillé ou des biscottes ou une pâtisserie légère : brioche, biscuit, pain à l'œuf ; avec beurre ou miel, ou fromage, ou confiture, ou encore avec beurre et aliment sucré. Mais on évitera toujours l'œuf nature, la viande, le poisson. En hiver, les moyens mangeurs peuvent remplacer l'infusion par une soupe-légumes ou céréales (porridge ou farine ou pâtes cuites à l'eau sucrée et au beurre, ou avec fort peu de lait). En été, on peut introduire des fruits frais dans ce repas ; en hiver des pruneaux *crus,* incisés et trempés depuis vingt-quatre heures. Le jeûne matinal est, surtout chez les gros mangeurs, une mesure périodique excellente ; un grand verre d'eau purifie et minéralisé alors parfaitement.

Le repas de midi doit comprendre :

- *1°des aliments minéraux et vitaminés,* qu'il est bon d'isoler en tête du repas, sous forme de hors-d'œuvre cru composé de quelques feuilles de salade, associées à un peu de julienne de légumes crus (vitamines A), variés selon les saisons, coupés à l'aide d'un couteau à julienne (une cuillerée à café de chaque, environ) : chou, carotte, chou-fleur, pomme de terre, artichaut, petits pois, haricot vert, radis, etc. et une cuillerée à café de blé cru (vitamine B) trempé à l'avance.
- 2° *Un aliment azoté fondamental,* d'origine animale : de la viande de préférence blanche, très rarement du poisson ou, ce qui est mieux, de l'œuf (indispensable, si l'on suit un régime végétarien), pris nature ou en mélange féculent ou en

entremets ou des champignons, de temps en temps.
- 3° *Des aliments combustibles* : du *pain* et un ou deux *féculents* (selon les saisons) : pommes de terre, riz, pâtes, marrons, semoules, flocons de céréales, petits pois ; rarement légumes secs ; des *corps gras* : beurre ou crème fraîche ou huile pour la préparation des plats.
- 4° *Un aliment diastasé vitaminé* : un peu de fromage fermenté qui apportera aide digestive et bactériothérapique.
- 5° *Des aliments sucrés et vitaminés* (vitamine C) : fruits de saison avec adjonction d'un dessert sucré (surtout en hiver ou encore si les fruits sont de médiocre qualité) : miel, pain d'épice, confiture, chocolat, pâtisserie.
- 6° *Des produits excitants* pour stimuler l'appétit et les sécrétions digestives : sel, condiments végétaux, rissolement, sauces légères, vin (pour les sujets non abstinents), thé, café.

Le goûter, réservé aux enfants ou aux nerveux très petits mangeurs ou aux travailleurs manuels, devra comprendre surtout des *aliments combustibles* (pain ou biscotte, beurre ou chocolat ou fruit de saison). On n'y introduira jamais de lait, sauf chez les enfants au-dessous de deux ans.

Dans la composition du menu du repas du soir doivent entrer :

- 1° *Un aliment à vitamines A* : salade crue avec, en été, très peu de julienne de légumes crus.
- 2° *Un aliment azoté fondamental* : fourni non pas par de la viande, mais par 1 œuf (pris nature ou en mélange) ou simplement par du fromage fermenté.
- 3 *Des aliments combustibles légers* : pain et un féculent (pas toujours obligatoire, le soir ; sauf en hiver, où l'on doit parfois en prendre deux, si l'année a été humide) ; pommes de terre ou pâtes, semoules, etc.
- 4° *Un aliment minéralisé*, obligatoire le soir, pour l'apaisement nocturne et la récupération des sels minéraux usés par l'activité diurne et aussi pour fournir des déchets capables d'exciter les contractions intestinales et de combattre la constipation : légumes verts de saison, cuits.
- 5° *Des aliments sucrés et à vitamines C* : fruits de saison avec adjonction d'un dessert sucré, comme à midi, s'il y a lieu.

Ce classement par catégories séparées paraît comporter l'obligation de menus copieux et la préparation de plats nombreux. Il n'en est rien. Même les personnes de très petit appétit peuvent s'accommoder de cette synthèse nutritive. Elle n'ont qu'à réduire au minimum les doses d'aliments encombrants ; mais il est capital qu'elles prennent ne serait-ce qu'une cuillerée à soupe de légumes crus à midi et de légumes verts cuits le soir. D'autre part, plusieurs catégories de matériaux peuvent entrer dans la préparation d'un seul plat. Par exemple : une omelette aux pommes de terre apporte l'aliment azoté, le féculent et la graisse nécessaires au repas de midi. Cette simplification des menus et de la cuisine est facile à réaliser, avec un peu d'attention et de bonne volonté. Les paysans qui, si souvent, sont plus près de l'ordre alimentaire naturel que les citadins, n'agissent pas d'autre façon. C'est ainsi que, dans l'Allier , au moment où les fruits sont abondants, on prépare en une fois de grandes tartes qui servent pour plusieurs jours et renferment farine de blé, œuf, beurre, sucre naturel des fruits, il ne reste plus qu'à ajouter un peu de salade, de fromage et de pain au repas pour donner un menu synthétique, sans grands préparatifs.

---

1. HEMMERDINGER. — *Leçons pratiques d'alimentation raisonnée.*
2. Voir aussi le livre : P. CARTON. — *L'art médical. L'individualisation des règles de santé.*

CHAPITRE 5
LES DIFFÉRENTS RÉGIMES

Le régime carné. — Le régime végétarien. — Le régime végétalien. — Le régime fruitarien. — Le régime crudivore. — Le régime de suralimentation.

LE RÉGIME CARNÉ.

Ce que nous avons dit des inconvénients de la viande, au chapitre II, nous dispense de dénoncer de nouveau les dangers de l'alimentation cadavérique : viandes, poissons, crustacés, coquillages, lard, graisses de tissus animaux : saindoux, margarine, graisses de viandes.

Bien qu'il soit celui que suivent la plupart des gens, ce régime n'est pas le meilleur ; il est trop surexcitant et trop intoxicant. Aussi, devra-t-on s'efforcer de l'atténuer le plus qu'il sera possible, en ne donnant de la viande qu'à midi, en évitant les viandes trop putrescibles (porc, jambon, charcuterie, viandes travaillées, *gibier, poissons,* poissons et viandes de conserve, extraits de viande pour bouillons ou sauces), en ne mettant pas dans le même repas viande et poisson, ou viande et œuf nature, en supprimant la viande au moins une fois par semaine (ou même, ce qui est mieux, trois à quatre fois), en la remplaçant alors non pas par du poisson, mais par un œuf.

LE RÉGIME VÉGÉTARIEN.

Ce n'est pas un régime d'herbivores, ni un régime qui ne comporte que des végétaux. Le nom végétarien vient du mot *végétus*, qui signifie vigoureux, parce que ce régime bien synthétique et bien adapté est un régime qui rend fort et bien portant.

Le régime végétarien comporte l'usage des aliments animaux non cadavériques : œuf, laitages (lait, lait caillé, crème fraîche, beurre, fromages), miel. On y remplace la viande par d'autres aliments azotes animaux (œuf, fromage, laitages) ou végétaux (champignons, céréales, légumineuses, fruits oléagineux).

Pour être efficace, il doit être préparé avec la plus grande pureté. Jamais le poisson ne doit y paraître, ni le lard, ni le jambon, ni le saindoux, ni les graisses de viande, ni les extraits de viande (Liebig,

Viandox, Kub), ni la margarine, ni la présure. Les légumes devront être cuits séparément et non pas dans des plats de ragoût de viande. Les fritures doivent être faites à l'huile blanche. La cuisine sera préparée à l'huile ou à la crème fraîche ou au beurre pur, non mélangé de saindoux, de graisse de cheval ou de margarine.

Bien des personnes à qui l'on prescrit le régime carné très atténué ou le régime végétarien, et à qui l'on interdit en même temps les légumes secs et les tomates s'écrient : Mais alors, il ne reste plus rien à manger ! Elles ne se doutent pas de la grande variété d'aliments qui restent à consommer. En voici l'énumération :

Aliments animaux. — Œufs, beurre, lait, fromages, crème fraîche. Miel.

Céréales. — Pain de froment (complet, bis, blanc), pain de seigle, farines, semoules, gruaux, flocons (blé, riz, avoine, orge), maïs, sarrasin, pâtes variées (nouilles, macaroni, vermicelle, etc.), pâtisseries ; quaker oats.

Féculents.— Farines, semoules, flocons de céréales, riz, marrons, pommes de terre, petits pois fins, flageolets frais et fins, fèves fraîches, pâtes, tapioca, sagou, cerfeuil bulbeux.

Légumes verts. — Haricots verts, pois mange-tout, artichauts, épinards, tétragone, choux pommés, choux verts en feuilles, chou branchu du Poitou, choux de Bruxelles, choucroute, poirée ou bette à cardes, cardon, arroche, laitue, romaine, batavia, scarole, chicorée frisée, chicorée améliorée, chicorée sauvage, pissenlit, mâche, asperges, carotte, poireau, céleri, cresson, julienne de légumes. Le haricot-beurre, l'endive et le chou rouge sont moins recommandables.

Champignons. — Champignons de couche, truffes, morilles, cèpes, girolles, oreilles de chat, columelles, coprins, oronges vraies, pleurotes, etc.

Racines et fleurs. — Carottes, navets, salsifis, crosnes, topinambours, céleri-rave, radis, chou-navet ou rutabaga, chou-rave ; fleurs d'oranger, d'acacia, de capucine, chou-fleur. Un certain nombre de ces aliments sont peu minéralisés (légumes blancs), mais restent vitalisants si on les consomme crus en hors-d'œuvre.

Fruits oléagineux. — Noix, noisettes, amandes, cacahuètes, cacao, chocolat, olives vertes, olives noires.

Fruits doux. — Poires, pommes, prunes, mirabelles, guignes, bigarreaux, pêches, abricots, brugnons, raisins, groseilles à maquereau, grosses fraises, figues fraîches, melon, banane, kaki, pruneaux, raisins secs, ananas.

Fruits acides. — Cerises aigres, petites fraises, groseilles à grappes, certaines variétés de poires et de pommes, framboises, cassis, figues sèches, abricots secs, citron, pamplemousse, orange, tomate, aubergine.

Aliments sucrés. — Fruits doux, miel, confitures au miel ou au sucre, pain d'épice, chocolat.

Condiments. — Ail, échalote, oignon, panais, poireau, ciboulette, estragon, persil, cerfeuil, thym, laurier, cannelle, girofle, muscade, câpres, raifort, moutarde, sel, poivre, sucre de canne, vinaigre de vin, eau de fleurs d'oranger, vanille, thé, café, café de malt, vin, bière, cidre.

On entend dire encore : il n'y a pas moyen de suivre le régime végétarien en voyage. En effet, les menus habituels des restaurants, hôtels, pensions de famille, maisons dites de régimes ne comportent qu'une accumulation de plats de viande et de poisson. Mais, pour peu qu'on veuille s'en donner la peine, on peut trouver partout des œufs et du fromage pour remplacer la viande, on peut exiger des légumes présentés nature (et non pas au jus) et quelques coquilles de beurre frais pour les assaisonnera table. Enfin on peut, à la rigueur, acheter soi-même les fruits et le peu de salade crue utiles à la constitution d'un menu synthétique.

LE RÉGIME VÉGÉTALIEN.

Il ne comprend que des aliments d'origine végétale : céréales, légumes, fruits, à l'exclusion non seulement de la viande, des poissons, crustacés, coquillages, mais aussi des œufs et du laitage (beurre, fromages). C'est un régime d'exception qui peut rendre de grands services comme régime passager (quelques jours, ou semaines, ou mois, selon les cas), car il est hypotoxique, purifiant et apaisant. Il ne peut être poursuivi longtemps sans inconvénients que si l'on y introduit l'usage quotidien, très atténué et minime, d'œuf et de beurre (présentés dans un peu d'entremets, de gâteaux où ces produits animaux sont incorporés à doses réduites). C'est ainsi que nous connaissons de grands malades arthritiques qui suivent ce régime, légèrement élargi en végétarien très atténué, et restent guéris, avec une activité vitale considérable depuis plus de vingt-cinq ans. Absolument strict et poursuivi pendant des années, il en existe des cas très rares mais indéniables. Il faut alors que la plus grande part des aliments soit consommée crue. Mais il ne convient qu'à des individus gros mangeurs et d'une trempe spéciale. Poursuivi trop longtemps, il donne de trop grands risques de dénutrition par inadaptation, à la plupart des gens.

LE RÉGIME FRUITARIEN.

Ce régime encore plus sévère n'est composé théoriquement que de fruits oléagineux qui apportent la ration azotée et grasse (amandes, noix, noisettes, cacahuètes, olives) et de fruits aqueux variés qui donnent les produits hydrocarbonés, minéraux et vitalisés. En réalité, ce régime ne peut être suivi longtemps d'une façon aussi stricte. Ses adeptes sont obligés d'y ajouter des céréales (blé, pain) qu'ils décorent du nom de fruit (ce qui est assez exact) et aussi des légumes crus pour parachever la ration minérale. Ils retombent ainsi dans le régime végétalien strict. Pas plus que ce dernier, il n'est donc à conseiller d'une façon continue, caries risques de dénutrition sont considérables.

LE RÉGIME CRUDIVORE.

C'est la négation de toute cuisine. Tous les aliments sont consommés crus à l'état nature ou en mélanges variés, arrosés d'huile. Il ne faut pas se laisser prendre aux affirmations tranchantes des adeptes de ce régime du moindre effort. Tous consomment du pain cuit et, à l'occasion, ils agrémentent les plats crus de légumes cuits, variés ou de céréales (riz cuit, semoules cuites) ; la plupart du temps, ils se livrent à des écarts végétariens et, parfois même, carnés.

Ces trois régimes extrémistes : végétalien, fruitarien, crudivore ne peuvent être considérés comme probants et légitimes pour l'individu que s'ils sont suivis *sans le moindre écart* et pendant un très long temps, car une dérogation introduite de temps à autre, permet une recharge de divers matériaux nutritifs rares et évite ainsi des carences alimentaires. Enfin, quelques cas individuels et authentiques de régime végétalien ou fruitarien, honnêtement strict (il en existe), ne prouveront pas encore qu'il est le meilleur régime, car il faudrait que son application soit démontrée possible sur plusieurs générations. Or, les rares enfants de végétaliens ou fruitariens que nous avons connus ont tous été très débiles ou malades. Jusqu'ici, il n'y a que le régime carné très atténué ou le régime végétarien qui se soient montrés aptes à créer des races fortes.

LE RÉGIME DE SURALIMENTATION.

On a voulu faire de la nourriture forcée, surazotée et de la cuisine riche un brevet de santé, un traitement antituberculeux et une panacée. Le régime de suralimentation est, en réalité, le pire fléau des organismes.

Les abus de viandes et d'œufs et la cuisine trop raffinée, trop forte déterminent d'abord des apparences luxuriantes (engraissement, mine rouge) ; mais, après cette phase d'exubérance artificielle, les viscères digestifs surmenés refusent tout service et sont brûlés (dyspepsie, hépatite, appendicite, entérite), les maladies congestives apparaissent (hémoptysies, hématémèses, hémorroïdes, congestion cérébrale), les forces déclinent et la tuberculose, maladie de déchéance arthritique, apparaît ou s'aggrave.

Un régime ne peut être sur-alimentaire que d'une façon momentanée, chez des inanitiés (famine, régimes de carence, convalescents d'affections aiguës). Et encore, en pareil cas, la nourriture passagèrement plus copieuse ne doit pas être composée principalement de viandes, poissons, œufs et vins généreux, mais rester toujours bien synthétique, non toxique, harmonieuse et justement proportionnée. En tout cas, la viande crue n'y doit jamais paraître.

CHAPITRE 6
L'ADAPTATION ALIMENTAIRE

Les changements de régime. — Les trois catégories d'appétit. — Les genres d'occupation. — L'état de résistance physiologique des organes. — L'âge et le sexe : régime des enfants, des vieillards. — Les états physiologiques (grossesse et allaitement). — Classification des aliments. — Les tempéraments. — Les années et les saisons. — Les climats. — Les états morbides : états fébriles aigus ; troubles gastro-hépatiques des arthritiques ; l'entérite aiguë et l'entérite chronique ; le diabète ; l'albuminurie ; la goutte et le rhumatisme chronique ; la déminéralisation ; la tuberculose ; l'obésité ; l'amaigrissement ; la furonculose, l'anthrax ; l'eczéma rebelle ; la constipation.

Le régime synthétique dont nous avons indiqué les lignes directrices demande à être appliqué avec certaines particularités ou modifications de détail qui tiennent au sujet considéré ou aux circonstances du milieu. En effet, l'art pratique de l'individualisation et de l'adaptation alimentaires compte autant que la science théorique de la diététique pour assurer la réussite d'un régime. C'est pourquoi nous envisagerons rapidement les différents ajustages de régime qu'il convient d'effectuer dans la plupart des cas individuels (états physiologiques et pathologiques) et d'après les variations de climat, de saison et d'année.

Malades et bien portants, médecins et cuisiniers y trouveront à glaner [1].

LES CHANGEMENTS DE RÉGIMES.

On peut ériger en règle générale que l'on doit opérer les changements de régime par transition lente et progressive. En effet, le sevrage de viande, opéré d'une façon brusque, totale et indéfiniment stricte, *sans aucun retour*, risque d'apporter, dans la plupart des cas, des troubles d'inadaptation, de déséquilibre physiologique et de dénutrition, sources de complications fort graves (inhibitions organiques, crises de furonculose, maladies aiguës, cachexie même), parce que l'évolution lente est la loi primordiale d'adaptation de la matière vivante, parce que la vie est une évolution et non une révolution et que la révolution engendre la contre-révolution. Il reste entendu que pour parer à des désordres morbides graves (asystolie, albuminurie, poussées d'entérite, accidents congestifs, artériosclérose), on peut appliquer d'urgence un changement radical de régime qui sauve le malade, mais il est prudent de ne pas persister indéfiniment dans le régime strict (lacté, végétarien, végétalien) une fois le mieux obtenu, mais, au contraire, de redonner à doses modérées des anciens aliments, car l'habitude est une seconde nature dont il est difficile de se défaire en un tour de main. Souvent, en effet, les complications et le déclin rapide qui s'observent après une période de belle amélioration chez des malades soumis à un régime hypotoxique, sont dus non pas au progrès de la maladie, mais à l'inadaptation organique à l'égard d'un sevrage brusque et définitif d'une source azotée accoutumée (viande, poisson, etc.). Les exemples assez rares d'individus, très adaptables, qui ont pu passer, d'un coup, du régime carné au régime végétarien absolu, sans ennuis sérieux, n'infirment pas la loi générale de transition lente et rythmée, car ce serait une faute de mettre l'exception à la place de la règle. D'ailleurs, ce conseil pernicieux de la transition brusque, émis par tant de partisans du régime végétarien est une des causes principales d'échec de ce régime.

Quand il y a lieu d'opérer une réforme de régime et qu'on n'a pas à parer à des accidents aigus, il vaut donc mieux commencer par diminuer les prises de viande, en l'enlevant d'abord le soir puis en l'espaçant à midi, puis en la supprimant par périodes, avec des retours passagers plus ou moins rapprochés. La suppression progressive doit, en quelque sorte, suivre le dégoût de la viande qui grandit au fur et à mesure de sa restriction et elle peut devenir totale quand la répugnance est acquise et quand l'adaptation organique est faite et le poids maintenu. Chez les grands nerveux et les négatifs, il vaut même mieux patienter pendant des années dans le régime carné très atténué ou en redonner de temps à autre que de risquer le déclin par dénutrition.

Même chez les sujets qui bénéficient grandement de la restriction, puis de la suppression absolue des aliments cadavériques, il faut savoir qu'au début de la réforme du régime s'observent, presque toujours, des sensations d'affaiblissement et une baisse du poids qui doivent être considérées comme normales. On ne doit donc pas s'en alarmer. D'ordinaire le poids, après avoir descendu, se stabilise, puis remonte et se fixe à son taux normal pour le sujet considéré, taux qui peut être au-dessous du poids primitif et aussi au-dessous de celui que l'on considère à tort comme normal (égal au nombre de centimètres en plus du mètre, que donne la taille du sujet), car celui-ci est exagéré de 6 à 8 kilos, pour les adultes.

LES TROIS CATÉGORIES D'APPÉTITS.

On peut ranger les gens, d'après la physiologie de leur estomac en trois catégories qui ont chacune leurs exigences de régime et d'apprêt culinaire. Les *gros mangeurs* sont, en général, rapidement adaptables, faciles à nourrir, mangeant n'importe quoi, s'accommodant de menus assez monotones et sommairement cuisinés, de plats copieux, d'aliments à déchets (crudités et légumes verts abondants, pruneaux dessucrés). Ils se portent bien avec un petit déjeuner très peu chargé et deux repas principaux abondants, sans goûter. Les *moyens mangeurs* sont aussi presque tous accommodants et tolèrent bien les menus synthétiques, cuisinés sans recherche. Il leur faut trois repas, dont un petit déjeuner assez substantiel (sans pourtant y introduire œuf ou viande). Les *petits mangeurs* sont presque tous des nerveux, capricieux, irréguliers, difficiles à nourrir, aimant les excitants (thé, café, vinaigre, moutarde, etc.), les aliments bien cuisinés, la nourriture très variée et imprévue, les plats assez nombreux, car ils y touchent à peine, les mets concentrés et sapides qui nourrissent sous un petit volume. Ils redoutent la régularité, la monotonie, le volume, les aliments cellulosiques, les crudités. Comme ils mangent peu à la fois et ne prennent que peu de chaque plat, ils sont obligés de prendre quatre repas dont un goûter léger. Ce sent les malades les plus ingrats à conduire et les plus difficiles à guérir [2].

Il y a lieu de tenir grandement compte de ces aptitudes si différentes d'un individu à l'autre pour la prescription d'un régime, la composition des menus et la cuisine.

Les genres d'occupation. — On ne peut pas nourrir un travailleur manuel commun intellectuel, ni un sportif comme un sédentaire. Il faut toujours équilibrer justement le budget organique, en proportionnant les recettes aux dépenses, en donnant, par exemple, des repas plus substantiels et plus rapprochés aux travailleurs de force qu'aux gens peu actifs physiquement.

Un *maçon* ou un *moissonneur* peuvent faire cinq repas : prendre à 6 heures du matin une bonne soupe chaude et une tasse de café ; faire un court repas vers 9 heures : pain, fromage et vin ; déjeunera midi, avec viande ou œuf, un farineux (légumineuses, pâtes, pommes de terre), aliments crus (blé, légumes, salade, fruits), du fromage, un peu de confiture ; à 4 heures, goûter avec pain, fromage ou chocolat ; dîner avec soupe aux légumes, 1 œuf nature ou un féculent cuit avec lait et œuf (semoule, riz), un plat de légumes verts, du fromage, des aliments crus comme à midi.

Au contraire, un *sédentaire* se contentera de trois repas ; il évitera de goûter et prendra un dîner moins chargé (sans œuf).

Un *sportif* se nourrira plus fortement qu'un sédentaire, ne fera qu'un repas dans la matinée, pourra goûter à la rigueur, mais évitera la surcharge d'aliments azotés ou surexcitants et surtout l'alcool et même les boissons fermentées. Nous avons relevé les menus suivants chez des sportifs qui venaient nous consulter ; à midi, sardines ou filets de harengs, jambon ou bifteck ou saumon, 2 ou 3 œufs sur le plat, Camembert ou Gruyère, confiture ; le soir : bouillon de viande, 2 œufs ou viande ou poisson, haricots en grains ou pois, confiture ou fromage. De tels menus non seulement ne donnent pas de force, mais ils épuisent, car le travail digestif et l'effort cardiovasculaire qu'exige pour être assimilée, cette surcharge de matériaux trop riches ou toxiques, détournent le plus clair des énergies nerveuses et vouent au forçage du cœur, à l'encrassement des humeurs, à la rouille des articulations et au surmenage total de l'économie. À midi, par exemple, un plat de viande ou 2 œufs donnent une ration azotée largement suffisante. Des légumes frais, des farineux, du fromage, du miel ou du chocolat, des aliments crus, doivent, en outre, paraître dans les menus pour vivifier, fournir le charbon utile et apporter la synthèse nutritive indispensable. Les repas chargés de viandes, poissons, œufs et arrosés de vins généreux coupent bras et jambes. L'infériorité des athlètes français tient, en majeure partie, à leur déplorable hygiène alimentaire.

L'ÉTAT DE RÉSISTANCE PHYSIOLOGIQUE DES ORGANES.

Il est capital d'adapter la force du régime et la concentration des plats cuisinés à la capacité de résistance physiologique des organes. C'est ainsi qu'on ne peut nourrir un enfant comme un adulte, ni un malade en état de crise aiguë comme un sujet bien portant, ni un malade chronique comme un athlète. C'est une erreur prodigieusement grave et néfaste de s'acharner à « fortifier » les individus affaiblis, les arthritiques épuisés, les malades débiles, en les bourrant d'aliments surexcitants et forts, de vins dits toniques, de plats richement cuisinés. Passagèrement ils peuvent recevoir un coup de fouet par la suralimentation et l'hyperstimulation, mais ils ne peuvent longtemps faire les frais de surmenage digestif qu'on leur impose, ils gaspillent leurs précieuses réserves d'énergie potentielle et finissent alors par retomber plus bas qu'auparavant. Il faut donc savoir proportionner la force du régime et la concentration culinaire aux degrés individuels de résistance viscérale, c'est-à-dire réserver les aliments de grand feu aux travailleurs robustes, seuls capables de les brûler facilement et de les utiliser, les aliments de feu modéré aux gens de constitution moyenne et les aliments de feu doux aux enfants, aux individus délicats ou aux malades en état de déficience digestive chronique.

L'alimentation, en effet, représente un combat

entre les deux groupes d'énergies fournis l'un par l'énergie potentielle du sujet et l'autre par celle des aliments. Or, c'est celui-là qui doit dominer, surmonter, dissoudre, transformer et assimiler les énergies potentielles des aliments. Cette lutte destructive et assimilatrice est dure et épuisante, si l'ennemi alimentaire est beaucoup plus fort que l'organisme. Elle accapare tellement les forces disponibles, au cours de la digestion d'un repas trop riche, qu'en pareil cas, le sujet est annihilé, mis en torpeur ou obligé de dormir et qu'il ne reprend activité qu'une fois la digestion terminée. Pour qu'un bénéfice réel d'énergie suive un repas, il faut donc que l'individu se batte avec des aliments et des plats cuisinés moins forts que lui. Il en vient ainsi rapidement à bout : il digère sans fatigue ni lourdeur ; il s'enrichit des dépouilles d'un adversaire qu'il a vaincu sans avoir jeté toutes ses forces au combat. Donc, le seul secret pour avoir des forces, c'est d'en capitaliser en les économisant. En d'autres termes, on ne reste robuste ou on ne retrouve la santé qu'en évitant les occasions de surmenage digestif, musculaire et nerveux, et en sachant établir le choix des qualités et des quantités d'aliments qui conviennent pour digérer, sans guère dépenser.

Pour faciliter le choix du régime approprié aux résistances de chacun, il est possible de classer les aliments en trois groupes. Les aliments de grand feu sont les plus toxiques, les plus excitants, les plus irritants, les plus acidifiants. Presque tous sont à interdire aux arthritiques et aux malades. Les aliments de feu modéré conviennent à la plupart des gens. Les aliments de feu doux sont les plus aptes à entretenir la santé des gens bien portants, à fortifier les débiles et à redonner de la vigueur aux fatigués et aux malades.

CLASSIFICATION DES ALIMENTS.

Aliments de grand feu. — Viandes grasses (oie, canard, foie gras). — Viandes noires (gibier, pintade, porc, charcuterie, jambon, lard, pâtés de viande, tripes). — Viandes rouges (bœuf, ragoût de mouton, cheval, viande crue, extraits et sucs de viande). — Poissons huileux (maquereau, anguille, hareng).— Poissons salés et conservés (morue, sardine, thon, anchois, caviar, huile de foie de morue). — Crustacés (langouste, homard, écrevisse, crevette). — Coquillages (moule, coquille Saint-Jacques, clovisse, escargot). — Lait stérilisé. — Lait en boisson ou en excès. — Fromages forts (Cantal, Romatour, Crème de Gruyère, Livarot). — Haricots, fèves et pois secs, pois chiches, soja. — Pain complet. — Bouillons concentrés : de viande, de céréales, de légumes. — Graisse en excès ; margarine, beurre de coco ; saindoux, graisse d'oie, friture aux graisses animales. — Légumes acides : oseille, tomate, aubergine, rhubarbe, cresson, pourpier. — Racines blanches : salsifis, navets, choux-navets, crosnes, héliantis, topinambours, céleris-raves, radis noirs, salades blanchies (endives, barbe) ou liées. — Fruits acides ou pas mûrs (groseilles à grappes, citrons, pamplemousses, mandarines, nèfles du Japon, oranges, cerises aigres, pêches et abricots desséchés, figues sèches, petites fraises, compotes de fruits verts ou tombés). — Coings, — Sucre en excès, sucreries, bonbons, confitures de coings, de rhubarbe, d'orange, de groseilles. — Pâtisseries lourdes (gâteaux moka, à la crème, Saint-Honoré, pudding à la graisse). — Hors-d'œuvre toxiques : saucisson, conserves, etc. — Condiments violents (ail, échalote, poivre, épices, cannelle, pickles, cornichons, câpres, moutarde, vinaigre d'épicier). — Vins stimulants et pharmaceutiques, liqueurs, cidre.

Aliments de feu modéré. — Viandes rouges (agneau, chevreau). — Viandes blanches (poulet, veau, lapin domestique, cervelle, pigeonneau, dindonneau). — Poissons maigres (sole, merlan, limande, rouget, poissons de rivière). — Huîtres. — Œuf et lait nature ; lait concentré (dilué). — Champignons forts : truffe, morille. — Crème de lait, beurre cuit, rissolé, sauce mayonnaise, friture à l'huile d'olive. — Pain bis, pain de gruau, biscottes, grissinis, croissants, pâtisseries à la margarine, gâteaux secs, semoule, blé vert, tapioca. — Haricots flageolets frais ou parfois secs, pois d'été, riz Caroline. — Chou rouge, choucroute changée d'eau de cuisson et accommodée sans viande de porc, choux-raves, choux-fleurs, haricots beurre ou mange-tout à cosses jaunes, poireau mangé isolé en guise d'asperge, radis, céleri. — Fromages blancs (petit suisse ; cœur à la crème) ; fromages fermentés forts (Brie, Melun, Roquefort, Pont-l'Evêque). Lait caillé, fromage de chèvre. — Noix, raisins secs, dattes, ananas, grosses fraises, framboises, cassis, fruits musqués (poire de Williams, raisins muscats), melon, olives vertes. — Miel nature. — Confitures au sucre. — Vinaigre de vin, fait chez soi. — Vin léger, bière, café, thé.

Aliments de feu doux. — Œuf et lait à dose modérée, cuits en entremets ou en mélanges farineux. — Beurre cru, huile blanche (d'arachide). — Fromages légers (Tomme de Savoie, St-Nectaire, Parmesan, Gruyère ordinaire, Hollande, Bondon de Neufchâtel, Coulommiers, Camembert). — Légumineuses à dose modérée (pois fins de printemps, lentilles). — Céréales : pain blanc rassis, pain de seigle, farines (blé, avoine, orge, maïs, seigle, sarrasin, riz) ; pâtes (nouilles, macaroni, vermicelle), flocons d'avoine, d'orge. — Féculents (pommes de terre, marrons, riz léger, en petits grains : Piémont, Madagascar, Saigon ; sagou, cerfeuil bulbeux). — Sauces blanches ; sauces et fritures à l'huile blanche. — *Légumes verts cuits* (haricots verts, épinards, artichauts, tétragone, pois mange-tout, arroche, poirée ; courgette, courge, potiron ; chou pommé, vert, chou de Bruxelles, chou branchu du Poitou ; poireau en julienne avec carottes et pommes de terre ; salades crues et cuites (laitue, romaine, escarole, chicorée, pissenlit, mâche) ; asperge, cardon, carotte. —

Champignons de couche, cèpes, girolles ; olives noires. — Noisettes, amandes. — Fruits crus, doux et très mûrs (poires, pommes, prunes, bigarreaux, guignes, cerises douces, pêches, abricots, brugnons, raisins, groseilles à maquereau, nèfles, figues fraîches, pruneaux incisés et trempés, bananes. — Fruits doux, cuits sans sucre ou à peine sucrés, au sucre de canne ou au miel ; confitures au miel ; pain d'épice, chocolat. — Pâtisseries légères, de ménage (tartes, charlottes, crêpes, madeleines, brioches, biscuits, galettes à l'huile, beignets à l'huile blanche, meringues, œufs à la neige, gâteaux de riz, de vermicelle, de semoule). — Condiments doux (oignons, poireaux et ciboulette crus ; estragon, persil, cerfeuil, thym, laurier, muscade, vanille, fleurs d'oranger, de capucine). — Eau pure.

L'ÂGE ET LE SEXE.

Les enfants ont besoin pour assurer leur bon développement physique et intellectuel d'un régime assez substantiel et bien synthétique, mais en même temps ni trop intoxicant, ni trop surexcitant, car il faut bien le savoir, un enfant correctement nourri et conduit selon les règles d'hygiène naturiste ne doit subir aucune des fièvres éruptives ni des affections contagieuses que l'on considère à tort comme inévitables et quasi normales à leur âge. Or, rien ne les prédispose plus à héberger les microbes de l'ambiance que la nourriture trop riche en aliments putrescibles (viandes, poissons, conserves) ou l'usage trop précoce des boissons fermentées et des excitants (café, thé, bonbons), parce que ces produits salissent les humeurs, irritent les muqueuses et détruisent les immunités naturelles.

Ensuite, le double écueil dans la conduite du régime des enfants est l'excès ou l'insuffisance alimentaires. Il y a des enfants qui se développent mal parce que nourris trop tôt comme père et mère ; et il y en a d'autres chez lesquels la progression dans la variété et les doses des aliments se fait trop tardivement. C'est pourquoi, après avoir rappelé rapidement la progression de l'alimentation lactée, nous indiquerons les âges auxquels on peut introduire successivement les aliments d'adulte dans les menus et la cuisine des enfants.

- *De 1 à 6 mois.*—L'enfant doit prendre 7 tétées par 24 heures, espacées toutes les 3 heures : 5 de jour, 2 de nuit. En moyenne, l'enfant prendra dans chaque biberon :
- Du 5e au 30e jour, de 30 à 85 gr. par tétée ou biberon.
- Le 2e et le 3e mois, de 85 à 115 gr. par tétée ou biberon.
- Le 4e et le 5e mois, de 115 à 135 gr. par tétée ou biberon.
- Du 8e au 9e mois, de 135 à 160 gr. par tétée ou biberon.

- Du 9ᵉ au 12ᵉ mois, de 160 à 180 gr. par tétée ou biberon.

Chez les enfants forts qui progressent insuffisamment comme poids, on peut couper moins le lait ou même le donner pur avant les dates indiquées, mais en commençant d'abord par renforcer 1 ou 2 biberons, aux moments où l'enfant réclame avant l'heure.

Si l'enfant est nourri au lait de vache, ce lait sera recoupé de moitié eau la 1ʳᵉ semaine ; un tiers les trois premiers mois ; un quart les 4ᵉ et 5ᵉ mois ; puis, il sera donné pur. On mettra un quart de morceau de sucre par biberon. Les cinq premiers mois, les doses ci-dessus sont donc constituées par le mélange de lait et d'eau, établi dans la proportion voulue.

Si l'enfant nourri au sein progresse mal ou si la mère est trop fatiguée, il faut commencer l'allaitement mixte, en donnant d'abord un biberon vers 5 ou 6 heures du soir, puis un second vers 8 ou 9 heures du matin, quand la progression du poids cessera de nouveau.

Si l'on utilise le lait condensé sucré, qui est un lait encore pourvu de ses vitamines et qui, souvent, est bien mieux toléré par les enfants que le lait de vache frais, il faut diluer une cuillerée *à café*, bombée et non rase (10 gr.) de lait condensé dans quatre cuillerées *à soupe* (15 gr. par cuillerée) d'eau pour la 3ᵉ semaine.

1 cuillerée à café et quart de lait avec 5 à soupe d'eau à 4e semaines (au 7e, en poids).

1 cuillerée à café et demie à 3/4 de lait avec 5 à 6 à soupe d'eau à 2 mois (au 6e, en poids).

2 cuillerées à café de lait avec 7 à soupe d'eau à 3 mois (au 6e en poids).

2 cuillerées à café 1/2 à 2 3/4 de lait avec 7 à 7 1/2 à soupe d'eau à 4 et 5 mois (au 5_e en poids).

3 à 4 cuillerées à café de lait avec 8 à 10 à soupe d'eau au-dessus de 6 mois (au 5e, en poids).

Vers 5 à 6 mois. — On donnera seulement six tétées, en supprimant celle du milieu de la nuit.

Vers 8 à 10 mois ou plus rarement vers 7 mois.— On donnera une première bouillie claire, faite avec une cuillerée à café de farine de blé, en remplacement de la tétée de midi. Puis, on la fera avec 2 cuillerées à café, à 10 mois, et 3 cuillerées à café, de farine, à 12 mois. On ne donnera jamais plus d'un litre de lait par jour.

Vers 14 mois.—On donnera cinq repas, dont 2 bouillies : une à midi, une à 6 heures. On supprimera le biberon de 9 heures du soir.

Vers 14 à 16 mois.—On commencera à donner un jaune d'œuf dilué dans de la bouillie ou en crème liquide ou à la coque, tous les deux jours d'abord, puis tous les jours. Se servir d'œuf bien frais.

Vers 20 mois ou parfois, plus tôt, vers 14 mois.— On donnera quatre repas et on commencera à introduire la synthèse alimentaire complète :

Le matin : 200 grammes de lait en potage varié :

farine de blé souvent ; ou avoine, orge, maïs, vermicelle, Quaker Oats, semoule de blé.

À midi : un œuf (à supprimer une fois par semaine), un féculent varié : pommes de terre écrasées dans l'assiette ou en purée, nouilles, macaroni, riz, marrons, semoules variées, petits pois fins au printemps, rarement des lentilles (pas d'autres légumineuses), dans lequel on ajoutera des doses minimes de vitamines A et B, c'est-à-dire 2 à 4 centimètres carrés d'une feuille de salade tendre coupée fin, et une quinzaine de grains de blé cru, trempé à l'avance et écrasé dans l'assiette avec le dos de la fourchette ; *très peu* de fromage peu fait : Gruyère râpé, Parmesan ou Camembert ; un peu de fruits crus, doux, très mûrs : une demi-banane de préférence ou un fragment de fruit de saison : poire, pêche, abricot, un ou deux bigarreaux très mûrs, etc. ; un dessert ; biscuit ou petite cuillerée de confiture de fruits doux, diluée en *sauce aux fruits*, ou très peu de chocolat. Pain. Eau en boisson (éviter le lait en boisson aux repas, le thé et le café).

4 heures. — Lait, biscuit ou pain beurré.

Soir : Potage au lait avec céréale variée, comme le matin ; un féculent léger ; du fruit et du dessert comme à midi.

Chez les enfants de 14 à 16 mois, qui se développent peu ou qui tolèrent mal le lait (dilatation d'estomac, thorax évasé, arrêt de la progression du poids, pâleur, inactivité), il y a intérêt à le donner seulement dans les deux bouillies, à le supprimer en biberons, sauf au goûter, et à donner, à midi seulement, un repas synthétique identique à celui d'un enfant de 20 mois. La synthèse alimentaire et vitaminique, à doses minimes, redonne aussitôt couleur et vigueur.

À partir de deux ans. — Ajouter pain beurré au petit déjeuner. Augmenter progressivement les doses d'aliments crus, sans les exagérer pourtant. Introduire le soir un peu de légumes verts cuits, changés d'eau de cuisson, isolés ou mieux mélangés dans de la purée de pommes de terre (une cuillerée à café de laitue cuite, ou de carotte, ou d'épinard ou d'artichaut).

On ne commencera pas les farines avant 8 mois, la farine maltée avant 5 ou 6 mois, le beurre avant 12 mois, la croûte de pain avant 14 mois, les fruits, le fromage fermenté avant 14 à 18 mois (sauf indications ci-dessus), les champignons avant deux ans et demi, la viande et le poisson avant cinq ans.

LES PRINCIPAUX ÉCUEILS DE LA DIÉTÉTIQUE INFANTILE.

Ce sont : le lait stérilisé, les farines de spécialités, les farines lactées, maltées, chocolatées, phosphatées ; les produits alimentaires pharmaceutiques ou industriels ; les farines (non maltées) données avant 7 mois ; les purées de légumineuses ; les produits acides et irritants : rhubarbe, groseilles à grappes, oranges, citron, tomate, oseille, cresson, fruits acides, fruits verts ; les fruits imparfaitement mûrs ; les compotes de fruits verts, tombés (qui donnent gourme, angine, bronchite, eczéma), les excès de sucre : bonbons ; les pâtisseries non faites chez soi ; les bouillons de légumes ou de céréales concentrés (qui produisent irritations muqueuses et cutanées, toux, eczéma) ; la viande donnée trop tôt ; le porc (jambon) ; le gibier ; les poissons ; la soupe grasse ; les légumes cuits avec la viande ; l'alcool ;le vin ;le café ;le thé ;les régimes sans œuf et la phobie de l'œuf (tous les enfants s'adaptent à l'œuf présenté d'abord dilué, cuit en crème ou en mélanges féculents : gâteaux, bouillies, puddings, gnocchis de pommes de terre, biscuits, crêpés, etc., poussent bien mieux et s'intoxiquent bien moins avec l'œuf qu'avec la viande et le poisson) ; le tapioca et la fécule (fort peu nourrissants) ; l'excès de légumes verts ; l'excès de fruits, même doux ; l'excès de beurre.

Jusqu'à 9 mois, un enfant trouve les vitamines utiles à son développement dans le lait de sa mère ou le lait de vache bouilli ou condensé et sucré et dans les farines de céréales. Il faut donc se garder de la marotte du jus d'orange ou de citron donné à des nourrissons dès le premier mois. Ces fruits, à la longue, acidifient les humeurs, détruisent les immunités naturelles et vouent les enfants aux fièvres éruptives, rhume, coryza, bronchite, diarrhée, érythème des fesses, rachitisme, nervosisme, etc.

Enfin, il faut éviter de tourmenter sans répit un

enfant constipé, de le bourrer de lavements, suppositoires, sirop de soi-disant pomme de rainette, huile de ricin, calomel, etc. Il suffit de vérifier le régime, de le relever si l'enfant est en hyponutrition (ce qui est fréquent, en pareil cas), de faire la bouillie avec 2 cuillerées à café de farine ordinaire et une cuillerée à café de farine *complète* (avec le petit son) de froment (blé moulu chez soi dans un petit moulin), de donner les aliments crus utiles, d'ajouter 1 ou 2 noisettes ou amandes râpées au dessert de midi et de cesser tous les moyens mécaniques ou médicamenteux, pour obtenir la régularisation des selles. À partir de 6 ans, l'enfant peut être nourri à peu près comme ses parents, en le limitant pourtant à la liste des aliments de feu modéré et de feu doux, en lui donnant un goûter, en veillant à ce que son régime soit toujours bien synthétique et varié, en lui évitant les aliments et les boissons trop surexcitants (viandes fortes, vin, thé, café) et surtout les plats cuisinés trop concentrés, trop azotés, trop sucrés, trop beurrés, trop épicés [3].

Les principes alimentaires de *l'adulte* sont ceux que nous avons décrits jusqu'ici.

Les *vieillards* qui sont des organismes épuisés, refroidis et des ralentis de la nutrition doivent être conduits avec grande économie des forces générales. On leur épargnera la digestion épuisante des aliments de grand feu. Ils devront surtout supprimer les aliments très putrescibles (viande de porc, poisson, crustacés, moules, gibier) et l'alcool (cognac, liqueurs, apéritifs). Leur intestin souvent paresseux tolère mal le lait à l'état liquide. Ils ont perdu leurs capacités d'adaptation rapide, aussi ne faut-il pas leur infliger des changements de régime trop rapides ni trop radicaux. Il vaut mieux opérer chez eux des réductions de viande, tabac, vin, café, que des suppressions. Ils supportent aussi mal la diète trop prolongée que l'alimentation trop riche. Au cours d'une crise aiguë, il faut savoir relever leur régime presque aussi vite que chez les enfants, sinon ils périclitent rapidement. D'autre part, un écart, même unique, peut leur être fatal, s'il est trop sérieux (boudin, gibier faisandé, moules, etc.). Le soir, il leur faut un menu léger, peu azoté, sans viande ni œuf entier, composé simplement de soupe, légumes frais, fromage, fruit, dessert (gâteau ou confiture). En hiver, ils se trouvent bien de la nourriture chaude, de boissons chaudes et de desserts sucrés (miel, chocolat, confiture). Leur cuisine doit être peu concentrée et fort simple.

En ce qui concerne les modifications alimentaires à apporter selon *les sexes*, il faut simplement savoir que la femme, plus nerveuse, moins musclée, d'un poids corporel moyen inférieur à l'homme, a besoin d'un régime un peu moins azoté et moins chargé (l'Assistance Publique à Paris diminue de 10 à 15 pour 100 la ration des femmes, dans ses services hospitaliers). En outre, la femme, qui est petite mangeuse plus souvent que l'homme, préfère les mets apprêtés avec sapidité, condimentés et variés.

Celles qui mangent fort peu à midi, tolèrent bien un goûter léger. Enfin, il faut savoir qu'il y a des natures d'hommes enfermées dans des corps de femme et inversement ; ce qui revient à dire qu'il faut individualiser les régimes en tenant compte encore plus du tempérament, du psychisme et de l'appétit, que de la seule notion du sexe.

LES ÉTATS PHYSIOLOGIQUES (GROSSESSE, ALLAITEMENT).

Pendant la *grossesse*, il y a lieu de veiller tout particulièrement à la parfaite synthèse alimentaire et de suivre les progrès de l'appétit, en tenant compte des sollicitations instinctives (envies, aliments préférés). Pourtant, on ne laissera pas consommer de produits trop toxiques (viandes fortes, alcool, etc.), ni surtout d'aliments acides ou acidifiants (voir listes), qui nuiraient à la formation osseuse et à la minéralisation sanguine et hépatique du fœtus. En même temps, pour laisser à la disposition de l'enfant tous les matériaux de construction et les forces vitales nécessaires, il faut interdire tous les surmenages [4].

Pendant les 5 ou 6 premiers jours qui suivent l'accouchement, la *nourrice* devra s'abstenir de viande et de poisson et d'une nourriture trop forte, afin d'éviter les impuretés humorales qui favorisent l'apparition de la fièvre et de l'infection puerpérales. Puis, le régime sera choisi toujours bien synthétique, en ne négligeant aucun des aliments crus qui apportent les trois sortes de vitamines (salade au vinaigre de vin fait chez soi, blé et fruits très mûrs, crus). Mais on prendra soin de ne pas exagérer les doses de fruits et surtout de choisir des fruits très doux. Les fruits acides, verts, tombés, même cuits en compote sont funestes. Tout en accroissant les recettes nutritives en proportion de la progression de la sécrétion lactée (goûter souvent nécessaire), il faudra éviter les aliments encrassants (voir : aliments de grand feu) ; irritants (café, alcool, moutarde) ; acidifiants (citron, mandarine, orange, vinaigre d'épicier, pickles, cornichons, oseille, tomates, fraises, figues sèches, abricots secs, cresson, aubergine, compote de fruits tombés, poireau, oignon, ail, asperge, raifort, ciboulette, radis noir) qui rendraient le lait toxique, ou acide, ou qui lui communiqueraient mauvais goût et incommoderaient l'enfant. Il faudra aussi éviter de bourrer les nourrices de légumes secs (lentilles, pois cassés, haricots) et de bière, car ces produits ne sont nullement utiles à la production du lait et risquent de le rendre irritant. Quand un enfant nourri exclusivement au sein tombe malade, il ne faut s'en prendre, presque toujours, qu'au régime suivi par sa nourrice. Il suffit alors de le vérifier très soigneusement et de le réformer dans le sens de la synthèse, de la pureté et de la douceur, pour calmer aussitôt les imperfections humorales et les irritations émonctoriales chez le nourrisson.

LES TEMPÉRAMENTS.

Les sujets *nerveux* vont mieux avec un régime et une cuisine suffisamment sapides et variés, mais ils ne devront pas tomber dans les excès d'excitation (abus de viande, de boissons fermentées, de thé, de café). Les *bilieux*, dont la tendance motrice est si grande, devront se préserver aussi des mêmes abus, tout en prenant des quantités d'aliments combustibles suffisantes (miel, chocolat, pain d'épice, entremets farineux). Les *sanguins*, si sujets aux troubles congestifs, cardio-vasculaires et aux hémorragies, devront visera la sobriété et à la restriction des aliments qui poussent au sang et à la graisse (viandes saignantes ; vins forts, suralimentation, confiseries). Les *lymphatiques*, surtout les enfants ne doivent pas abuser du lait, ni des graisses qui les alourdissent davantage, mais rechercher un régime assez varié et assez stimulant pour combattre leur mollesse de tempérament.

LES ANNÉES ET LES SAISONS.

Il existe des influences de *constitution annuelle* (influences solaires et météorologiques) qui font varier d'une façon parfois considérable les valeurs d'excitation et déconcentration chimique des aliments, et, par là même, leurs propriétés nutritives [5]. Les neuro-arthritiques et les malades sont particulièrement sensibles à ces influences annuelles et elles jouent un rôle prépondérant (que ne peuvent pas s'imaginer les médecins non naturistes) dans l'apparition des incommodités et des maladies collectives et, par suite, dans les modifications minutieuses à apporter au choix des aliments et à leur préparation culinaire. Les raisons de ces changements tiennent principalement aux rythmes variables de l'éclat solaire (rythmes des taches solaires) et à la sécheresse ou à l'humidité relatives. Au cours des années de grand éclat solaire et de manque de pluies, les aliments sont naturellement archi-concentrés. Leurs valeurs azotée, sucrée et minérale sont accrues. Ils nourrissent davantage et si l'on ne prend pas certaines précautions de restriction et de cuisson (changement d'eau de cuisson de tous les légumes), on laisse se déterminer des accidents congestifs, hémorragiques, pléthoriques, des irritations par excès de substances minérales (lithiases, attaques de rhumatisme, de goutte, inflammations muqueuses) qui sont la cause de maladies dyscrasiques et de réceptivités infectieuses. Par contre, quand l'année solaire est faible ou quand l'été est très pluvieux, il se crée une déconcentration très accusée dans les valeurs nutritives qui oblige à des corrections opposées (relèvement de la valeur de toutes les catégories alimentaires), pour éviter les troubles d'insuffisance nutritive et les carences humorales multiples. Ces particularités si tranchées expliquent qu'une épidémie de même nom, la grippe, puisse se déclencher à quelques années de distance, pour des raisons absolument contraires. C'est ainsi qu'en 1889, année faible, la fameuse épidémie de grippe se déclara par dénutrition sous forme anémique et asthénique, tandis qu'en 1918, année forte, elle revêtit exclusivement des formes à coups de sang, obligeant à saigner un grand nombre de malades [6].

Sans être météorologiste, on peut s'apercevoir assez facilement de ces particularités alimentaires en observant le goût des aliments végétaux et l'état de sécheresse ou d'humidité de la saison. Au cours des années de grande force solaire et de sécheresse, les légumes verts sont acres, si on les cuit dans peu d'eau, ils assoiffent et irritent ; les fruits sont hyper-sucrés et poissent les doigts ; les sucreries donnent des troubles de pléthore ; les légumineuses et le pain bis ou le pain complet sont très lourds à digérer et congestionnent. Corrélativement, la restriction de ces aliments trop forts et le changement d'eau de cuisson de tous les légumes suffisent à faire disparaître les ennuis de santé. La faible concentration des produits végétaux et la moindre force des légumineuses et des fruits obligent, au contraire, pendant les années faibles, à cuire les légumes dans peu d'eau, à laisser toucher plus souvent aux légumineuses et à compléter la ration sucrée des desserts plus régulièrement à l'aide de miel, pain d'épice, confiture, chocolat.

Les *influences saisonnières* sont également indispensables à connaître. En hiver, il faut azoter moins, fariner et sucrer davantage les menus des deux repas principaux (féculents, céréales, entremets sucrés), car l'hiver est la saison du repos naturel et de l'inhibition organique par le froid. L'économie a besoin de moins d'azote (moins nécessaire et bien moins utilisable par temps froid) et de plus d'aliments hydrocarbonés (pour maintenir la chaleur du corps). En été, la nourriture doit être plus azotée (saison de ponte des poules, de sécrétion lactée plus forte et plus vitalisée) et plus aqueuse (légumes frais, fruits frais) pour donner à l'organisme l'activité accrue qui est dans l'ordre de la nature (phase de reproduction de la plupart des êtres, poussée de sève (force vitale), grande activité végétale et animale, surabondance alimentaire).

Il est important de suivre attentivement ces lois de rythme vital, annuelles et saisonnières, et de ne pas vivre à contretemps ni à contre-saison. La suractivité musculaire et la suralimentation hivernales sont prodigieusement néfastes. Elles usent prématurément. L'observation du repos hivernal, physique et alimentaire est un brevet de bonne santé et de vigueur prolongée.

La nourriture non saisonnière est également déséquilibrante. Les végétaux de primeur poussés dans des conditions climatériques et solaires différentes, cueillis avant maturité, et même forcés artificiellement sont, nous l'avons déjà dit, des aliments discordants, peu nourrissants qui brisent le rythme alimentaire normal, bouleversent l'ordre naturel et l'harmonie vitale. C'est pourquoi, il ne faut pas consommer de primeurs, ni d'aliments exotiques sans nécessité impérieuse.

LES CLIMATS.

Le régime diffère forcément d'un climat à l'autre (végétation différente, races humaines différentes). Les climats du Nord exigent une nourriture plus excitante, plus féculente, plus sucrée pour répondre aux besoins accrus de stimulation et de chauffage organiques. Le régime des pays chauds est plus aqueux, plus fruitarien. En montagne, il est indiqué de tolérer les laitages à doses plus fortes qu'en plaine, mais, en même temps, de pratiquer l'échange des denrées avec les populations de la plaine, afin d'éviter les carences multiples qui peuvent atteindre les populations montagnardes qui s'alimentent sans synthèse (peu ou pas de légumes et de fruits) et qui déterminent à la longue des insuffisances fonctionnelles graves (fréquence des goitres et de l'insuffisance thyroïdienne dans certaines zones de la Suisse, par exemple).

Aux Colonies, ce qui rend le climat si dangereux aux Européens, c'est surtout leur ignorance des règles de l'alimentation normale et leur manie d'y dédaigner les aliments locaux, et d'y importer la nourriture européenne avec tous ses vices (suralimentation, alcool, apéritifs, régime carné excessif, aliments en boîtes de conserve). Quand on consent à se priver de viande ou à n'en consommer que fort peu et, en même temps, à se nourrir principalement d'œufs, de laitages, de végétaux et de fruits locaux et à supprimer les boîtes de conserve, on évite la plupart des maladies coloniales.

LES ÉTATS MORBIDES.

Le choix du régime, pour obvier aux maladies, est avant tout un problème d'ordre général, individuel et saisonnier. Quand on a su bien régler le choix des aliments conformes aux lois de la physiologie humaine, du tempérament individuel et des circonstances annuelles et saisonnières, on tient en main la solution de la presque totalité des troubles de santé. Il suffit de réfléchir, en effet, que c'est seulement la méconnaissance et l'inapplication des lois naturelles de vie saine qui sont à la source de tous les maux, même des infections microbiennes (car la réceptivité du terrain est la raison dominante de la réalisation des infections, nous le rappelons encore), pour comprendre que la réforme des mauvaises habitudes d'hygiène et le retour à la loi naturelle alimentaire suffisent à ramener l'équilibre nerveux et la pureté humorale, c'est-à-dire la guérison. C'est donc une erreur profonde de croire qu'il existe des régimes spécifiques et des menus spéciaux (des sortes de nouvelles idoles), pour la dilatation d'estomac, pour la congestion du foie, pour la lithiase rénale, pour les coliques hépatiques, pour la néphrite, pour l'entérite, pour l'artériosclérose, pour la tuberculose, etc. Les menus que l'on pourrait inscrire en regard de chacune de ces maladies n'aboutiraient qu'à de fastidieuses répétitions et à des applications rigides qui risqueraient à chaque instant d'être inappropriées à l'âge, au sexe, à la catégorie d'appétit, à la circonstance annuelle ou saisonnière, à l'étape d'adaptation purificatrice du malade en particulier, aux associations morbides. L'essentiel c'est donc d'appliquer d'abord les principes généraux de l'alimentation normale et de ne mettre en jeu les particularités d'exception qu'une fois réglé le principal. Nous ne nions donc pas les précautions et les restrictions spéciales qui achèvent le parlait ajustage d'un régime, par rapport à une tare métabolique individuelle (incapacité métabolique des matériaux azotés qui s'observe dans l'albuminurie, la goutte, les rhumatismes ; encombrement minéral des lithiasiques ; incapacité métabolique des acides et décalcification chez les déminéralisés ; incapacité métabolique des sucres et amidons forts des diabétiques et des obèses, etc.), mais nous répétons que ces corrections ne constituent que de simples variations à apporter au mode alimentaire normal, que l'on doit avant tout régler et individualiser par étapes (régime d'abord carné atténué, puis de moins en moins carné) ; régime progressivement vitaminé (aliments crus). Ce sont ces particularités de composition des menus et de préparations culinaires que nous allons énumérer maintenant.

ÉTATS FÉBRILES AIGUS.

Les malades atteints de maladies aiguës avec forte fièvre n'ont besoin d'abord que d'un régime liquide, plus lixiviant que nourrissant. L'eau pure, non bouillie, est la plupart du temps la meilleure boisson et le meilleur remède pour purifier et décongestionner l'organisme, au début des états aigus. Elle est très supérieure au lait, que l'on a l'habitude de prescrire à ce moment. Le lait empâte la bouche, surcharge l'estomac, constipe, retarde la libération humorale. Il n'est indiqué que chez certains grands nerveux et chez les enfants. Puis, on donnera du bouillon de légumes clair, genre tisane de légumes (100 gr. de pomme de terre, 60 gr. de carotte, 20 gr. de grains d'orge, 20 gr. de poireau pour un litre d'eau final), sans y ajouter de légumes secs ni d'autres céréales ni de navet qui surchargeraient mal à propos les humeurs. À ce moment, les jus de fruits frais sont également indiqués (jus de cerises, de raisin, de poire, de pêche ; orangeade) ou même les fruits entiers. On peut même ajouter, s'il est nécessaire, un peu de chocolat cuit à l'eau.

Quand la fièvre décroît, on prépare une alimentation fluide : potages au bouillon de légumes clair ou au lait coupé de moitié eau, avec farines ordinaires ou maltées ou grillées ou petites pâtes, vermicelle, tapioca, semoules : puis purée de pommes de terre sans lait, avec ou sans beurre (éviter les purées de légumineuses) ; puis œuf cuit en mélange d'entremets ou bouillon de viande ; et enfin régime synthétique avec aliments légers [7].

TROUBLES GASTRO-HÉPATIQUES DES ARTHRITIQUES.

L'insuffisance des glandes digestives chez les arthritiques oblige à les ménager en supprimant les aliments de la liste « de grand feu », en réduisant la consommation de la viande, des boissons fermentées, des corps gras (surtout dans la préparation des plats et des pâtisseries) ; des légumineuses fraîches, du café, du vin, en défendant l'oseille, la tomate, la rhubarbe, l'aubergine, le citron, les fruits rêches ou verts, les légumes blancs cuits, en rendant les menus plus légers, plus chargés en végétaux et en crudités. L'œuf est toléré par ces malades bien mieux que la viande, à condition qu'on n'en donne pas plus d'un par jour et qu'on n'en abuse pas dans les entremets et les sauces.

L'ENTÉRITE AIGUË ET L'ENTÉRITE CHRONIQUE.

La crise aiguë de diarrhée, chez les jeunes enfants, se combat par la diète hydrique pas trop prolongée (12 à 24 heures) : eau naturelle et pure, eau minérale alcaline (Vichy-Célestins, Vals, Pougues), eau de riz à laquelle on ajoute des comprimés de bacilles lactiques (lactéol, lactobacilline) ; puis, on donne le bouillon de légumes léger, déjà indiqué, le lait caillé spontanément. On revient ensuite peu à peu au lait naturel, coupé d'eau, et, si l'enfant est sevré, aux aliments appropriés à son âge, mais présentés d'abord atténués (œuf et lait en entremets ou crème, etc). Le meilleur traitement préventif de l'entérite chez les enfants sevrés sera la suppression des aliments toxiques, désharmoniques, acides ou irritants (viandes noires, jambon, poisson, légumes secs, fruits verts ou acides ou tombés et cuits en compote, oseille, tomate, rhubarbe, citron, orange).

Ce sont ces mêmes genres d'aliments qui produisent et entretiennent les accidents de l'entérite chronique sanglante et muco-membraneuse chez l'adulte. Le régime lacté, le régime trop carné, l'usage continuel des aliments de grand feu, les légumes secs, les légumes et les fruits acides, le lait pris à l'état liquide, les fromages blancs double-crème, les sauces compliquées, les boissons fermentées, les confitures de fruits acides, les compotes de fruits secs acides (figues, abricots secs), les bouillons concentrés de céréales, de légumes, de viande, les jus de viande crue, les produits pharmaceutiques, les légumes blancs, la tomate, le citron, l'orange, l'oseille, la rhubarbe, le vinaigre d'épicier sont les causes habituelles de l'entretien des lésions entéritiques.

En crise aiguë, il faut éviter les irritations cellulosiques et toxiques (suspendre l'usage des légumes verts cuits et des fruits), rendre le régime plus pâteux : potages aux pâtes, aux farines maltées ; plats féculents diastasés ou maltés à la farine de malt Heudebert, pain grillé séché au four, riz, confiture de coings, donner des bacilles lactiques en comprimés ou en lait caillé spontanément, prescrire de larges applications chaudes sur l'abdomen et le repos (le corps étant étendu).

Les entéritiques chroniques ne guérissent qu'en réduisant au maximum les aliments trop riches, trop concentrés, trop putrescibles (viandes, poissons, crustacés, gibier), trop irritants (confiseries, alcool, boissons fermentées), trop acides (fruits acides, légumes acides), la cuisine trop grasse, trop épicée, trop concentrée, et en introduisant l'usage courant de la synthèse alimentaire physiologique normale : œuf, fromage fermenté doux, céréales, féculents, légumes verts cuits, synthèse crue des trois sortes d'aliments crus, à dose d'abord très réduite. Il faut donc savoir que ni l'œuf, ni les légumes verts cuits, ni les fruits crus ne sont des obstacles à la guérison de l'entérite. On doit simplement les supprimer au cours des poussées d'irritation aiguë. Par contre, ce qu'il importe par-dessus tout de défendre, ce sont les aliments anti-physiologiques et désharmoniques que nous venons d'énumérer. Puis, il faut avoir la patience d'adapter peu à peu l'intestin aux aliments normaux, en commençant par donner l'œuf cuit dilué dans diverses préparations culinaires (dont on trouvera les recettes plus loin) et en introduisant les aliments crus à doses d'abord homéopathiques (une demi-feuille de salade, une cuillerée à café de julienne d'aliments crus, vingt grains de blé cru, un demi-fruit très doux et fondant : pêche, abricot, banane, poire, reine-claude, rainette, etc.).

LE DIABÈTE.

On doit supprimer aux diabétiques le sucre industriel, le chocolat, les confitures, les féculents forts : pâtes, riz, marrons, farines, semoules, fécule, tapioca ; l'excès de pain ; les fruits sucrés ; les plats sucrés. Mais on n'ira pas jusqu'à la suppression radicale et brusque de tous les féculents et de tous les fruits. La plupart des diabétiques tolèrent la pomme de terre, un peu de croûte de pain complet ou bis, un peu de lentilles, un peu de porridge.

Ce qui peut les conduire à l'intoxication acide grave (acidose avec odeur chloroformique de l'haleine), c'est la réduction excessive des hydrates de carbone, le jeûne excessif, la suralimentation azotée (abus de viande ; pains surazotés), l'abus des graisses cadavériques ou industrielles (graisses de viande, lard, saindoux, végétaline, glycérine). Il faut donc éviter de leur donner des aliments trop putrescibles (porc, jambon, gibier, poissons, aliments de spécialités surazotés à base de fruits oléagineux, plats surchargés en amandes, noisettes, gélatine). La rhubarbe, le citron, la tomate, la glycérine, la saccharine ne leur valent rien. Le régime progressivement végétarien, l'usage des aliments permis dans les listes de feu modéré et de feu doux, l'emploi des fruits peu acidulés (oranges, cerises aigres, groseilles) par périodes plus ou moins longues, l'usage dominant des légumes verts cuits, les fruits cuits dessucrés, changés d'eau (pruneaux, etc.), les jeûnes brefs (repas de fruits acides et de fruits oléagineux, le soir), les aliments crus, l'usage du bicarbonate en cuisine (cuisson des légumes verts, pâtes à lever) leur sont salutaires. Enfin, on veillera bien en même temps, à individualiser le régime, à l'adapter aux circonstances d'année et de saison et à le garder bien synthétique, mais en le choisissant hypoconcentré en sucres et en amidons. [8]

L'ALBUMINURIE.

Le régime déchloruré n'est indiqué dans l'albuminurie que s'il s'agit de formes à œdèmes ou encore si sa suppression entraîne avec certitude la réduction de l'albumine (ce qui est rare). Il ne faut donc pas faire du régime et de la cuisine sans sel une panacée de l'albuminurie. L'usage *modéré* du sel peut donc être laissé à la plupart des albuminuriques. Ce qu'il importe de réduire, ce sont les aliments azotés toxiques ou trop forts (porc, jambon, charcuterie, lard, saindoux, gibier, poissons ; légumes secs ; excès d'œuf et de fromage ; lait liquide ; (excès de lait) et les aliments acides, irritants pour le rein (fruits acides, légumes acides, surtout : oseille, tomate, citron, orange, rhubarbe, cresson, aubergine). Le régime lacté n'est pas le régime idéal des albuminuriques, car son influence favorable passagère est due surtout au sevrage concomitant des autres aliments dangereux. Le régime progressivement végétarien, de feu doux, non acide, bien synthétique, cuisiné avec simplicité, sans complications ni concentrations nocives est le meilleur traitement diététique de l'albuminurie.

LA GOUTTE ET LE RHUMATISME CHRONIQUE.

Il y a deux écueils à éviter dans la composition des menus et la préparation culinaire des aliments, pour les goutteux et les rhumatisants, c'est l'excès de matériaux azotés et l'excès de sels minéraux, car ce sont surtout les urates de chaux qui encrassent les tissus et les articulations. En phase subaiguë, il faut supprimer viandes, poissons, œuf à l'état nature (garder l'œuf cuit en mélanges dilués), le lait liquide, les fromages, les champignons, les céréales entières (pain complet, pain bis, semoules), les légumineuses, l'oseille, la tomate, la rhubarbe, le cresson, l'aubergine. Et, en même temps, il faut déconcentrer les aliments minéraux : faire les soupes-légumes très claires, genre tisane ; changer d'eau de cuisson (au moins deux fois si l'année est sèche) les légumes verts cuits et même les pommes de terre. Parfois même, il faut aller jusqu'à supprimer les sels minéraux de l'eau, en la servant après l'avoir fait bouillir et l'avoir décantée pour rejeter le dépôt calcique. L'usage périodique des fruits acidulés ; la cure de fruits ; les crudités ; l'emploi régulier des desserts sucrés : miel, confiture, *un peu* de chocolat pour aider à l'utilisation azotée et minérale ; le régime bien synthétique sont également favorables.

LA DÉMINÉRALISATION.

Les déminéralisés sont des sujets qui transforment mal les substances acides et qui, pour arriver à les neutraliser dans les voies digestives et pour garder l'alcalinité du sang, dégradent, par défense naturelle, les sels minéraux basiques de leur organisme, d'où la carie dentaire, la phosphaturie et les éliminations de boues et graviers par la vessie ou l'intestin. Il faut donc leur défendre soigneusement tout ce qui directement bu indirectement leur apporte des acides, c'est-à-dire les fruits acides, les légumes acides (et surtout le citron, l'orange, la tomate, l'oseille, l'excès de viandes, de poissons, d'œufs, l'abus des fruits même assez doux, les produits qui donnent des acides de fermentation (abus du pain, usage des légumes blancs). Il faut leur interdire aussi le surmenage qui acidifie et dégrade l'organisme. Ils se minéralisent par l'emploi quotidien d'un plat de légumes verts cuits, par les trois catégories d'aliments crus : salade et légumes crus, blé cru, fruits très doux et très mûrs, et surtout par la parfaite synthèse alimentaire, sans carence azotée, sucrée ou grasse. La cuisine simple, douce et peu concentrée leur convient spécialement.

Voici la liste des *aliments déminéralisants ou acidifiants* : liqueurs, apéritifs, cidre. Aliments azotés trop putrescibles (porc, jambon, poisson, gibier). Excès d'aliments azotés. Sucreries dévitalisées (bonbons, pralines, dragées, fruits confits, sucre d'orge). Excès de sucre. Graisses acidifiantes (saindoux, graisses de viande, beurre rissolé, margarine, beurre de coco). Aliments trop fermentescibles (excès de pain ; chou rouge ; légumes blancs : liste plus loin) ; *les fruits acides* (groseilles à grappes, cerises aigres, cerises anglaises, citron, pamplemousse, orange), mandarine, fraises (surtout les petites), certaines variétés acides de poires et de pommes, framboises, mûres (ronce). Fruits doux pris en excès. Compotes de fruits verts ou tombés. (Vinaigre. Lait caillé pris en excès). *Légumes acides* (oseille, tomate, aubergine, cresson, rhubarbe, pourpier, choucroute). *Légumes blancs* (navets, crosnes, salsifis, héliantis, topinambours, céleris-raves, haricots mange-tout à cosses jaunes, choux-navets, choux-fleurs, salades blanchies en cave ou liées ou recouvertes de terre, pour les blanchir. Aliments industriels (conservés, stérilisés). Suralimentation.

LA TUBERCULOSE.

La défaillance du terrain organique compte plus que la contamination microbienne dans la détermination de la tuberculose. Les tuberculeux sont surtout des épuisés digestifs et des insuffisants glandulaires. Le surmenage de la suralimentation et l'usage de la viande crue ne les font sursauter, engraisser et se pléthoriser que pour une période immédiate et passagère. À la suite, viennent les hémoptysies répétées, l'entérite sanglante, la jaunisse, l'appendicite, les hémorroïdes, l'amaigrissement, somme toute, la démolition du foie, de l'estomac, de l'intestin et la décrépitude générale qui sont l'œuvre des régimes et de la cuisine surchargés.

La meilleure sauvegarde d'un tuberculeux, c'est la résistance de ses voies digestives. La plaie des voies digestives, c'est la nourriture trop forte, la cuisine trop concentrée, l'emploi exagéré des aliments putrescibles et l'usage des médicaments. Les tuberculeux ne peuvent guérir qu'en se nourrissant correctement, en évitant les aliments de grand feu et les produits pharmaceutiques, en usant de cuisine simple, en ayant un régime modéré, bien synthétique (avec les crudités), en menant une vie hygiénique, au grand air. Le principal est de ne pas bouleverser brusquement, radicalement et définitivement leurs habitudes de régime, mais de les conduire *peu à peu* à la norme alimentaire, car la loi physiologique alimentaire est le seul recours pour la récupération des forces et de la santé, aussi bien chez les tuberculeux que chez les non-tuberculeux [9].

L'OBÉSITÉ.

La suppression des boissons, les cures de jeûne prolongé, les cures de citron, l'extrait thyroïdien, l'exercice exagéré, les purgatifs violents, le régime lacté sont de mauvais moyens de combattre l'obésité. Le mieux, c'est de recourir en permanence au régime plus physiologique, au régime végétarien progressif, tout en restreignant l'usage des produits trop engraissants : excès de sucres et de graisses, féculents forts, fruits sucrés, pâtisseries, pain, et en ordonnant l'emploi dominant des légumes verts et régulier des aliments crus.

L'AMAIGRISSEMENT.

Le régime à donner en cas d'amaigrissement ne peut constituer une suralimentation que s'il s'agit de cas d'amaigrissement par sous-alimentation (famine, privations excessives, carences multiples de régimes mal agencés, convalescence d'un état aigu qui a provoqué une forte émaciation) ; et encore, faut-il n'user, en pareil cas, que d'aliments peu toxiques (pas de viande crue ni d'excès de viande) et de menus bien synthétiques.

Les autres motifs d'amaigrissement sont tellement nombreux (surmenage physique, causes morales, insuffisances organiques, maladies dyscrasiques ou infectieuses) qu'on ne saurait donner une marche diététique unique pour parer à des causes si variées et si différentes. C'est au médecin traitant d'intervenir avec art, selon les circonstances de tempérament, de maladies, de saison, d'année, d'adaptation.

En ce qui concerne l'amaigrissement chez les sujets nerveux ou lymphatiques, qui se poursuivrait d'une façon trop intense et trop accentuée, à l'occasion d'une réforme du régime alimentaire, il est indiqué de réduire ou de supprimer 'passagèrement les doses de légumes verts cuits, de crudités, d'accroître les quantités d'aliments engraissants (féculents, céréales, entremets sucrés) de rendre la ration azotée, plus accoutumée (rappels de viande plus fréquents, viande de mouton), d'avoir une cuisine plus variée, plus sapide, d'user de primeurs et enfin d'accentuer le repos organique (chaise longue ou lit, surtout après le repas de midi), afin de mieux récupérer forces et tissus.

FURONCULOSE, ANTHRAX.

S'il s'agit d'un diabétique, il faut appliquer la cure diététique appropriée. Si la furonculose se déclare chez un sujet qui s'est mis à réformer son régime avec trop de rigueur et de brusquerie, il s'agit alors bien plus de troubles de dénutrition et d'inadaptation organique, que d'éliminations de produits toxiques anciennement accumulés. Il faut le faire revenir à un régime moins sévère, reprendre les aliments azotés, antérieurs (viande, œuf), faire cesser les carences (ajouter des féculents ; reprendre du beurre ; bien veiller à ce que la ration sucrée soit suffisante), interdire les surmenages qui, en même temps, s'observent si souvent chez les gens qui ont eu trop d'ambitions réformatrices (excès d'exercice, d'hydrothérapie, de cure solaire).

Dans les autres cas, il faut supprimer les sources d'azote toxique (viandes fortes ; poissons ; crustacés ; conserves ; jambon, charcuterie, porc), les aliments acides et acidifiants (fruits et légumes acides ; les légumes blancs ; les légumes sulfureux : l'ail, l'échalote, l'oignon, le poireau, le cresson), les légumes secs, le lard, le saindoux, les graisses de viande, le lait liquide, le fromage blanc, le cidre, les légumes cuits dans trop peu d'eau, le goûter qui surcharge. Un régime peu toxique, peu irritant et surtout bien synthétique, composé à l'aide de la liste d'aliments de feu doux rétablit vite l'équilibre et l'apaisement humoral.

L'ECZÉMA REBELLE

Il faut surveiller les mêmes causes d'irritation cutanée que nous venons de citer pour le régime de la furonculose : aliments azotés trop forts ; poissons et crustacés ; fruits et légumes acides ; fruits verts et pas mûrs, même cuits ; légumes blancs ; graisses toxiques ; légumes secs ; légumes sulfureux ; excès de pain ; vin, cidre. Il faut se garder soigneusement, entre autres, de la tomate, du citron, des fraises, de l'oseille, du cidre, du vinaigre d'épicier, des sauces compliquées, du beurre rissolé, des condiments acides : pickles, moutarde, câpres, cornichons ; de la chicorée sauvage crue. Parfois, on est obligé de supprimer les fromages (garder le Parmesan ou la Tomme de Savoie ou le St-Nectaire) le lait ; l'œuf entier à l'état nature. Le malade est nourri alors d'œuf pris dilué, à dose très réduite, cuit en mélanges farineux (voir recettes) ; de farineux de feu doux ; de graisses douces (beurre cru, huile blanche) ; de légumes verts doux, cuits à grande eau ; de fruits très doux, très mûrs (banane, pêche, poire, prunes, pruneaux, etc.), de salade à dose réduite ; d'entremets légers, de doses non excessives d'aliments sucrés dont on étudiera la tolérance individuelle (miel bouilli, confiture au miel ou au sucre, chocolat cuit à l'eau), de pain, de pâtisseries légères faites avec peu de beurre ou à l'huile blanche, sans lait.

LA CONSTIPATION.

Le régime trop carné, la cuisine trop grasse, les recettes trop chargées en aliments qui colmatent les voies digestives (œufs, graisses, sucre), la rage de la suppression de tous les produits cellulosiques (salades crues, légumes verts cuits, mise en purée des légumineuses) sont des causes de constipation. Au contraire, les aliments à déchets (les salades et légumes crus, les fruits crus, le blé cru, les aliments entiers et non tamisés, le pain de seigle, le pain complet (au repas du matin), les fruits oléagineux (noisettes, amandes), la farine complète chez les petits enfants (1 cuillerée à café de farine complète avec deux cuillerées à café de farine blanche pour préparer les bouillies) sont des adjuvants physiologiques de la circulation intestinale. D'autre part, on veillera non seulement à l'excitation mécanique, mais aussi à l'excitation sapide des menus : rappels de viande (qui est surtout un aliment excitant) ; reprise de café, de thé, de sel, de tabac (si on les avait supprimés trop rapidement) ; adjonction de condiments et d'épices ; plats bien cuisinés.

Enfin, comme moyens d'excitation mécanique complémentaire, signalons la graine de lin et de psylium et la cure de pruneaux dessucrés (voir recettes). Ces pruneaux dessucrés sont pris *au début* des deux repas principaux, à une dose variant de dix à trente, chaque fois. On les sert, non pas à sec, mais trempant encore dans leur dernière eau de cuisson.

---

1. Pour plus de détails, se reporter aussi aux livres : P. CARTON. — *Traité de médecine, d'alimentation et d'hygiène naturistes.* —*L'Art médical. L'individualisation des règles de santé.*
2. Pour la conduite alimentaire et hygiénique détaillée, de ces trois types d'appétit, se reporter à P. CARTON. — *Traité de médecine, d'alimentation et d'hygiène naturistes* p.689 ; 3e édition.

3. Pour plus de détails sur les manœuvres de régime, lire : P. CARTON.— *Alimentation, hygiène et thérapeutique e infantiles en exemples* ; 2e édition.
4. Voir le régime de la femme enceinte et de la nourrice, dans le livre P. CARTON. —*Alimentation, hygiène et thérapeutique infantile en exemples* ;2e édition,
5. Voir à ce sujet la chapitre : Les rythmes dans la nature, du *Traité de Médecine, d'Alimentation et d'Hygiène Naturistes* et le livre *l'Art médical*. — P. CARTON,
6. Pour le détail de toutes ces particularités météorologiques et thérapeutiques, lire : P. CARTON. — *Traité de Médecine, d'Alimentation et d'Hygiène Naturistes*, chap. XXIII.
7. Pour les manœuvres de régime et les indications de la reprise alimentaire synthétique, lire le chapitre XII du *Traité de Médecine, d'Alimentation et d'Hygiène Naturistes* : P. CARTON.
8. Pour plus de détails, voir : P. CARTON. — *Traité de médecine, d'alimentation et d'hygiène naturistes* ; chap. XIX.
9. Se reporter au livre : P. CARTON. — *La tuberculose par arthritisme*.

CHAPITRE 7
LA CUISINE HYGIÉNIQUE ET ÉCONOMIQUE

Manger *chez* soi et savoir cuisiner soi-même.— La cuisine dangereuse et la cuisine utile. — Les modes de cuisson des aliments. — Savoir acheter. — Éviter le gaspillage. — Organisation et propreté.

MANGER CHEZ SOI ET SAVOIR CUISINER SOI-MÊME.

On ne peut pas être le maître de sa santé, si l'on confie le soin de son estomac à la cuisine de restaurant ou si l'on est incapable de veiller chez soi à l'exécution logique des plats cuisinés. Or, on ne commande bien ou on ne peut se tirer d'embarras, quand un serviteur vient à manquer, que si l'on a déjà mis soi-même la main à la pâte. C'est pourquoi des notions pratiques de cuisine logique et simplifiée devraient être enseignées obligatoirement à toutes les jeunes filles. Que de malades n'arrivent pas à se rétablir parce qu'ils continuent à manger au restaurant où les plats sont cuisinés à la végétaline ou à la margarine et où des aliments douteux et réchauffés sont masqués à l'aide des sauces chimiques, toxiques ou indigestes, où les menus illogiques sont pauvres en légumes et en crudités ! Combien d'autres perdent le bénéfice d'une cure de repos ou d'une période de vacances, parce qu'ils subissent l'intoxication des cuisines de maisons de santé ou de table d'hôte !

Il n'y a donc qu'un moyen d'éviter la condamnation à la dyspepsie perpétuelle, c'est d'avoir la sagesse de se contenter de menus naturels et de cuisine simplifiée, réalisés par soi-même ou exécutés chez soi par un serviteur convenablement stylé.

LA CUISINE DANGEREUSE ET LA CUISINE UTILE.

Trop souvent, la cuisine se fait l'esclave du démon de la gourmandise et la pourvoyeuse de la mort. « Nos maladies sont innombrables, écrivait déjà Senèque, ne t'en étonne pas : compte nos cuisiniers ! »

Déjà, sans la cuisson et sans l'usage des condiments, bien des aliments nocifs n'auraient pu être consommés par l'homme : cadavres d'animaux (viandes et poissons). Puis, l'abus des épices, des corps gras, des sauces et des rissolements conduite manger sans faim ou à manger au-delà de sa faim, c'est-à-dire à se surmener les viscères digestifs, à se surexciter le système nerveux, à s'empoisonner les humeurs. Les gens qui mettent leur point d'honneur à être des gourmets et à se nourrir de plats fins sont les pires ennemis de leur corps et de leur mentalité.

La cuisine dangereuse, c'est celle qui accumule les plats azotés dans le même menu (hors-d'œuvre animaux, viande, poisson, œuf, légumineuses, fromage), qui fait nager tous les aliments dans les corps gras, et surtout qui utilise des recettes de cuisine désharmoniques ou sursaturées d'œufs, de beurre, de lait, de Gruyère, de sucre, ou encore fabriquées à l'aide d'extraits industriels, de denrées malsaines (gélatine, saccharine, parfums synthétiques, produits chimiques, liqueurs alcooliques : rhum, kirsch, cognac). Le lait entre autres rend indigestes quantité de plats. On en met dans les purées, on l'ajoute en excès dans le riz, on en abuse dans les sauces, on en sature les entremets et les pâtisseries. Que de dyspepsies on guérit en réduisant considérablement le lait dans le riz, les puddings et les pâtisseries, en le supprimant dans les purées et les sauces, en l'utilisant seulement dans certaines préparations où il est indispensable : crèmes solides et liquides !

Quantité de recettes courantes sont foncièrement indigestes et génératrices d'infections des voies digestives et d'arthritisme par l'excès d'aliments forts qui entrent dans leur composition. On croit souvent n'avoir consommé qu'un œuf (pris isolément comme plat de résistance) et un peu de fromage au dessert, alors qu'avec des sauces, des entremets, des gratins et des desserts trop richement préparés, il s'est ajouté souvent la valeur de 2 ou 3 autres œufs et d'un gros morceau de Gruyère râpé ! Et l'on s'étonne ensuite d'avoir des aigreurs d'estomac, des migraines, des hémorroïdes, des insomnies et d'être toujours patraque et irrité !

Il est donc capital de savoir que presque toutes les recettes des livres de cuisine sont dangereuses par l'excès de matériaux riches qu'elles renferment et qu'il est indispensable d'en réduire les proportions à la limite où le plat cesserait d'être possible à préparer ou d'être agréable au goût. Par exemple, la formule de la galantine végétarienne avec seulement 1 œuf, 1 oignon moyen, 70 gr. de beurre, 125 gr. de lentilles et en remplaçant la tomate, condiment acidifiant et arthritisant, par de l'olive noire, cesse d'être un plat malfaisant, tandis qu'avec la formule employée en cuisine végétarienne qui comporte 2 œufs, 4 gros oignons, 125 gr. de beurre, 150 gr. de haricots, 1 kilo de tomates et 2 cuillerées de sauce de soja avec encore des boulettes de granola contenant 2 autres œufs, on détermine à coup sûr de la surcharge et de l'irritation des humeurs. Autre exemple encore : pour la formule des beignets ou pets-de-nonne, on obtient une réussite parfaite avec seulement 3 œufs et 35 gr. de beurre, alors que les livres de cuisine indiquent comme nécessaires 4 ou

5 œufs, 100 gr. de beurre et 100 gr. de lait. De même, on peut faire de bonnes crêpes avec 2 œufs et 500 gr. de farine délayés à l'eau, alors que certains livres de cuisine recommandent de délayer ces 500 gr. de farine dans un litre de lait et d'y ajouter 12 œufs, un demi-litre de crème, du beurre et du cognac.

Le vrai rôle médical est de prévenir les maladies plutôt que d'avoir à les guérir. Le meilleur enseignement culinaire est celui qui associe la facilité d'exécution, la vie à bon marché et la santé permanente au bon goût des préparations.

À l'opposé de la cuisine surchargée, il faut également dénoncer la cuisine trop rudimentaire ou mal soignée, les plats trop salés ou pas salés, les mets cuits dans des récipients malpropres et gardant un goût de graillon, les aliments perpétuellement cuits à l'eau et jetés en vrac dans les plats, sans que rien d'agréable ne sollicite les sécrétions glandulaires, par le goût, l'odorat et la vue.

La cuisine simplifiée et rationnelle est donc non seulement une nécessité vitale, mais elle constitue souvent l'essentiel de traitements prodigieusement efficaces. C'est ainsi qu'en sachant atténuer l'agressivité des albumines étrangères de certains aliments (lait, œuf, fromage), en les incorporant cuits, à dose très réduite, à des plats féculents (farines, riz, semoules, pâtes) ou à des pâtisseries légères (galette, brioche, biscuit, etc.), on arrive à faire tolérer ces aliments indispensables par des sujets qui ne les supportent aucunement à l'état nature et à les guérir de troubles invétérés des organes digestifs (entérite, hépatite) et d'atteintes graves de l'état général (dénutrition et carences).

LES MODES DE CUISSON DES ALIMENTS.

Les aliments peuvent être cuits à l'eau ou avec un corps gras. La cuisson *au naturel* est celle qui rend l'aliment le plus digestible en lui évitant l'imprégnation profonde par les corps gras et la présence de graisses roussies. Les féculents, les légumes verts, les céréales (flocons, semoules), les soupes sont ainsi mieux tolérés par les dyspepsiques qui peuvent les consommer soit sans aucune adjonction de graisse, soit condimentés au sucre, à la muscade, aux bouquets végétaux (estragon, thym, laurier, persil, cerfeuil), soit au beurre ou à l'huile ajoutés dans le plat ou l'assiette, à table.

L'aliment peut être cuit plongé dans de l'eau ou seulement dans le jus qu'il rend. Il peut subir l'action du feu soit directement dans un récipient ou sur un gril placés sur le fourneau ou encore dans un four, soit encore indirectement sur un autre récipient contenant de l'eau portée à l'ébullition (au bain-marie).

La cuisson peut se faire à l'air libre ou à l'étouffée (étuver), avec couvercle (cocotte en fonte, marmite, etc.). La cuisson à grande eau fait dissoudre une partie des sels. La cuisson à l'étouffée conserve toutes les substances salines dans l'aliment.

Les aliments cuits avec les graisses sont toujours plus lourds à digérer. Pourtant, ce mode de préparation n'est pas à dédaigner, car il présente l'avantage de faire se développer des arômes utiles pour l'excitation de l'appétit et de la sécrétion des glandes digestives. C'est pourquoi il est assez souvent indiqué de présenter des aliments sautés, rissolés, revenus, frits.

Quel que soit le mode de cuisson, le moins nocif pour l'état naturel de l'aliment et pour l'estomac appelé à le digérer est invariablement le moins brutal. Les fritures bouillantes, les produits brûlés (beurre noir), les légumes carbonisés, les aliments stérilisés au-delà de 100 degrés, les mets préparés sur un feu d'enfer et saisis trop brutalement deviennent trop dévitalisés et trop coriaces. Les modes de cuisson les plus doux, les plus lents et les meilleurs : c'est la *cuisson au bain-marie*, puis le *mijotage* prolongé, employé autrefois pour la cuisson lente des légumes et des soupes (récipients portés à l'ébullition puis écartés du plein feu et mis au tiède ou à très faible ébullition pendant des heures sur la cuisinière). Il y a une très grande différence de digestibilité, par exemple, entre des légumes secs, cuits précipitamment à vive ébullition et ceux qui ont mijoté pendant six heures à feu très doux.

À côté du mode de cuisson dangereux par sa brutalité, il en existe un autre également très défectueux, c'est celui qui accroît la concentration des aliments. Les jus et les sauces concentrés, les bouillons forts de céréales et de légumes, les extraits, les légumes cuits à l'étouffée en marmites, que l'on voit prôner sans arrêt dans les milieux végétariens, depuis des dizaines d'années (sous le mauvais prétexte de fournir le maximum de matériaux nutritifs), comptent parmi les causes les plus certaines d'irritation et de fatigue des voies digestives et d'encrassement des tissus et des articulations (rhumatisme, goutte, migraine, névralgies, accidents lithiasiques du foie, des reins, de la vessie). Les victimes de ces conseils de théoriciens de l'hygiène alimentaire sont innombrables. D'une part, personne ne se rend compte que plus l'aliment est concentré, plus son potentiel énergétique et son pouvoir d'excitation, donc d'irritation, sont élevés et plus il exigera d'efforts de réaction de la part des viscères chargés de la destruction et de l'assimilation de cet aliment. Il ne suffit pas de s'extasier sur la richesse d'un aliment, il faut corrélativement s'informer de la force et de la capacité de résistance de l'organisme qui devra entrer en conflit avec ce produit fort pour le dominer et le dissoudre. Faute de réfléchir aux deux côtés du problème alimentaire : la force de l'aliment et la force relative des organismes, on en est arrivé à faire prendre à des débiles digestifs des aliments trop saturés et trop rudes qui les épuisent et les dénourrissent par surmenage, quand on recherchait précisément le contraire.

D'autre part, il faut se rendre compte que la cuisson, en réduisant et en attendrissant certains aliments (légumes verts), permet d'en consommer une bien plus grande quantité que si on les absorbait crus : deux cuillerées à soupe de salade cuite et hachée représentent plusieurs assiettées de salade crue. En pareil cas, le rejet d'une partie des sels minéraux dissous et contenus dans l'eau de cuisson est non seulement une déperdition négligeable, mais encore nécessaire. Les légumes cuits à l'étouffée ou dans fort peu d'eau sont âcres, hyper irritants et encrassants. Au cours des années très pluvieuses et peu ensoleillées où les valeurs alimentaires sont, par là même, très abaissées, ces inconvénients sont atténués ; mais, au cours des années sèches et très ensoleillées, cette pratique de la cuisson des légumes verts sans eau ou avec fort peu d'eau détermine invariablement les troubles de santé fort graves que nous avons énumérés. Au cours de ces années, non seulement on doit cuire les légumes verts et même les pommes de terre à grande eau (bassine ou faittout), mais on est obligé pour la cuisine des arthritiques, des dyspeptiques, des hépatiques, des eczémateux, des congestifs, des entéritiques, des goutteux et des rhumatisants de changer l'eau, une ou mieux deux fois, *au milieu* du temps de cuisson, pour effectuer une déconcentration thérapeutique de l'aliment (le simple blanchiment ou changement d'eau *dès le début* de la cuisson ne suffit pas à déconcentrer suffisamment).

Parmi les procédés de cuisson avec corps gras, la mise en train d'un plat sapide par rissolement d'un peu d'oignon ou de divers légumes (pour ragoûts ou champignons ou salades braisées), suivi d'adjonction d'eau et d'achèvement de la cuisson par ébullition douce sont bien supportés en général et rendent le régime plus attrayant. Le gratinage léger au four peut aussi être recommandé. Par contre, les fritures à pleine graisse sont indigestes. Pourtant, si l'on se sert d'huile blanche, l'inconvénient est atténué, car les fritures aux graisses de viande, au beurre, à la végétaline sont plus lourdes ou décalcifiantes.

SAVOIR ACHETER.

Il s'agit non seulement de rassembler les divers aliments qui serviront à constituer la synthèse alimentaire obligatoire pour rétablissement de menus corrects, niais encore de savoir choisir à propos les denrées d'après leur valeur nutritive relative, leur état de fraîcheur, leur degré de toxicité et de pureté physiologique, leur prix d'achat relatif, et enfin d'après l'ordre saisonnier où l'on doit les consommer. Il y a des dépenses, en apparence luxueuses, qu'il faut savoir consentir (fruits, salades) et des achats ruineux pour la santé ou la bourse qu'il faut éviter.

Parmi les aliments azotés, il est plus cher et il est malsain de donner la préférence à la viande, à la charcuterie, aux poissons, plutôt qu'à l'œuf, au fromage, au lait. Il est économique et plus salubre de devenir peu à peu végétarien.

Pour les corps gras, il est plus sain d'acheter du beurre et de l'huile, plutôt que du lard, du saindoux, de la végétaline. On peut d'ailleurs se rattraper en usant des graisses avec discrétion. L'estomac et le foie ne s'en trouveront que mieux.

Il est coûteux et malsain d'acheter des aliments en boîte de conserve (sauf le lait concentré sucré), des primeurs hors de prix (pommes de terre nouvelles en février ; haricots verts à la fin de l'hiver, alors qu'ils ne sont pas encore semés dans la zone parisienne ; fruits qui arrivent du Midi 1 ou 2 mois avant leur époque de maturité et de consommation normale dans la région, légumes blancs qui ne nourrissent pas (crosnes, salsifis, barbes-de-capucin, choux-fleurs, navets, raves, topinambours, céleris-raves, pommes de terre à chair blanche), des légumes qui arthritisent (oseille, tomate, rhubarbe, aubergine), des fruits verts ou acides (citrons, groseilles à grappes), des légumes secs décortiqués, nullement supérieurs à ceux qui sont entiers. Il vaut mieux faire l'emplette de légumes féculents et de légumes verts que nous indiquons plus loin, comme normaux pour chaque mois de l'année.

Comme aliments à vitamines, point n'est besoin de grandes quantités : quelques feuilles de salade suffisent à chacun, ainsi que des quantités minimes de divers légumes crus, pris parmi ceux que l'on consomme cuits (petits pois, chou, carotte, haricot vert, pomme de terre, asperge, artichaut, etc.) Le blé cru, acheté chez un cultivateur ou un marchand de graines, n'est pas coûteux. Pour les fruits, il faut consentir un léger sacrifice ; il vaut mieux manger peu de fruits, et des fruits sains et beaux, que des quantités de fruits médiocres, tachés ou insuffisamment mûrs.

Il faut savoir reconnaître les aliments de mauvaise qualité (éviter en hiver les œufs tachés ou trop vieux dont le contenu remue quand on les secoue) ; se méfier des étalages de marchands des quatre-saisons, dont le dessus est paré avec des denrées de premier choix, tandis que le dessous est de qualité souvent médiocre.

En général, il vaut mieux acheter au producteur qu'aux intermédiaires. On a des aliments plus frais, moins frelatés et moins chers (acheter son miel chez un apiculteur, son huile à un fabricant d'huile, ses légumes à un maraîcher, sur le marché, plutôt qu'en boutique). Et, répétons-le, combien il est plus sain et plus économique d'être, pour une foule de produits alimentaires, son propre fournisseur ! Sur un terrain de mille mètres environ, on peut récolter tous ses légumes (sauf la provision entière de pommes de terre), son miel (avec 2 ou 3 ruches à cadres), et ses œufs (poulailler).

ÉVITER LE GASPILLAGE.

Sur le marché, il faut comparer les prix et la qualité des denrées offertes. Souvent les prix affichés varient d'une façon très appréciable d'un marchand à l'autre, et parfois il arrive même que les prix les plus bas sont du côté de la meilleure qualité.

Pour bien des aliments, on a intérêt à acheter par quantité importante. Ainsi, un produit vendu 1.60 le kilo passe à 0.85 la livre, 0.45 la demi-livre, et 0.25 les 125 gr. Et ces 125 gr. sont toujours livrés à 120 gr. car presque tous les commerçants n'ajoutent pas un poids de 5 gr. aux poids de 100 gr. et de 20 gr. Et il faut encore déduire le poids du papier qui reste le même et s'accroît en raison inverse du poids de la denrée !

An début des saisons, il faut s'approvisionner pour bénéficier des cours bas et des prix de gros : faire sa provision de charbon de chauffage au mois de juin, acheter ses pommes de terre, ses carottes, ses fruits secs (pruneaux) au début de l'hiver.

À la cuisine, on veillera à l'épluchage économique des légumes. L'épluchage fin des pommes de terre ne retire que 15 % du poids. Si on l'exécute grossièrement on rejette 30 % du légume. Les légumes nouveaux (pommes de terre, carottes) seront grattés plutôt que pelés. Les petites pommes de terre seront cuites en robe ; on fait ainsi 10 % d'économie. Bien des légumes verts peuvent être utilisés plus complètement qu'on le fait. Les feuilles vertes du pourtour des salades sont plus minéralisantes que les blanches. Celles qui sont trop dures peuvent être cuites. Les parties vertes des feuilles de carde font d'excellents épinards cuits. Les feuilles vertes de salsifis peuvent être consommées cuites ou en salade crue. Les feuilles de chou-fleur sont excellentes et nutritives, une fois cuites et hachées. Les restes de légumes peuvent être utilisés sautés ou en salade ou en soupe. Les croûtes de pain peuvent servir à faire des entremets excellents. Des eaux de cuisson de légumes peuvent servir à faire la soupe, à condition de les couper d'eau ordinaire dans une proportion variable selon l'année, pour atténuer leur concentration excessive. Enfin, on se retiendra pour ne pas entamer les provisions avec frénésie, car la vue de l'abondance incite bien des personnes au gaspillage.

ORGANISATION ET PROPRETÉ.

Pour la cuisson des aliments, on fait de la cuisine savoureuse dans les poêlons en terre, mais ils sont susceptibles de se casser facilement. Les meilleures casseroles sont, ensuite, celles en porcelaine, puis en métal : nickel et aluminium qui n'ont pas besoin d'être étamés. De grands fait-tout ou bassines en fer étamé ou en aluminium sont utiles pour la cuisson des légumes verts à grande eau. Il est utile d'avoir une cocotte en fonte, une bassine en cuivre pour les confitures, un hachoir mécanique, un presse-purée, un jeu de passoires, un fouet à main pour faire les mélanges et un fouet mécanique pour battre les œufs, des moules à tartes et à entremets, une planche et un rouleau à pâtisserie, un tamis pour la farine, un moulin à céréales, un mortier en bois pour égruger le sel gris et surtout une balance avec poids de cuivre et de fonte pour éviter l'à peu près dans l'exécution des recettes, ce qui est une cause fréquente d'insuccès.

La cuisine ne doit pas être reléguée dans une courette obscure et mal aérée. Il vaut mieux la situer au Nord-Est de la maison, pour que la trop forte chaleur ne fasse pas fermenter les produits alimentaires. On veillera donc à vérifier les conditions de bonne luminosité et de facile aération, si l'on a à vérifier le plan d'une habitation ou à en réformer l'organisation. La plus stricte propreté est de rigueur à la cuisine, où tant de matériaux fermentescibles sont entreposés et préparés. Une tablette carrelée (paillasse) placée entre la cuisinière et la pierre à évier permet d'effectuer le nettoyage des légumes et bien des manipulations, plus proprement que sur des tables en bois.

La boîte à ordures sera logée dans un endroit clos, pour éviter que les mouches y pénètrent. Elle sera vidée et lavée soigneusement tous les soirs, afin que les déchets culinaires ne fermentent pas pendant la nuit et n'imprègnent pas la pièce de mauvaises odeurs. Des serviettes ou torchons seront placés à des endroits séparés (clous ou armoires) pour être employés chacun exclusivement à l'usage qui lui sera réservé (torchons à fourneau, à plancher, à verre, à vaisselle, à mains). Tous les récipients seront entretenus avec la plus stricte propreté et les casseroles devront avoir le fond encore plus propre à l'intérieur qu'à l'extérieur. Les ustensiles qui auront touché de l'œuf cru (plats, couverts, fouet, moules) seront bien lavés à l'eau froide d'abord, puis à l'eau chaude, sans quoi ils garderaient une odeur nauséeuse de chien mouillé. Les mains devront être savonnées après chaque manipulation qui les aura mises au contact de choses sales ou de mauvaise odeur (pétrole, essence, terre des légumes, pâtes de nettoyage, poisson, etc.). Aucun recoin inabordable ne sera toléré. Le balai et le torchon devront pouvoir passer partout, chaque jour.

Enfin, il faut veiller à ce qu'on ne brosse jamais ni habits, ni chaussures dans une cuisine, afin d'éviter de faire voltiger des poussières infectes (débris d'excréments d'animaux, de crachats, de boue, recueillis dans les rues par les souliers et le bas des vêtements), qui iraient se déposer sur les ustensiles et les aliments. Ces opérations doivent être exécutées au-dehors de la maison ou de l'appartement (perrons, paliers d'escalier).

Copyright © 2023 by Alicia ÉDITIONS
Version abrégée, Édition en grands caractères.
Crédits Images : Alicia Éditions, www.canva.com
Livre broché : 9782384551873
E-Book : 9782384551880
Livre relié : 9782384551897
Tous droits réservés.

www.ingramcontent.com/pod-product-compliance
Lightning Source LLC
LaVergne TN
LVHW011949070526
838202LV00054B/4851